초등인성
고전읽기의 힘

초등인성
고전읽기의 힘

이화자 지음

아이들은 무엇이 달라졌을까?
바른 습관, 효도, 정직, 책임, 자존감, 배려, 소통, 감성 …
가족, 친구, 공부를 대하는 아이들의 자세가 몰라보게 좋아졌다!

글담출판

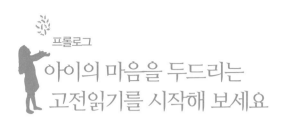

아이의 마음을 두드리는
고전읽기를 시작해 보세요

아이들과 인성 고전읽기를 실천한 지도 벌써 해가 두 번이나 바뀌었다. 이 짧은 시간 동안 아이들이 내게 보여 준 변화는 그동안의 노력이 헛되지 않았다는 증명이자 앞으로 더욱 힘을 내라는 격려처럼 느껴졌다. 그만큼 가슴 뭉클한 시간들이었다.

"선생님, 어쩜 글이 이렇게도 아름답죠?"라며 쉬는 시간 나에게 다가와 속삭이던 아이, "눈물이 나올 정도로 책이 재미있어요."라고 고백하던 아이, "네가 하기 싫은 건 네 동생도 하기 싫지 않을까?" 하며 친구에게 충고하던 아이……, 이 아이들이 처음부터 그랬던 것은 아니었다.

인성 교육이라고 하면, 대부분 착하고 바르게 행동하는 법을 가르치는 것이라고만 생각한다. 인성 교육은 다른 말로 마음 교육이라고 할 수 있다. 마음의 가치관을 만들어 주는 것이다. 이에 따라 삶의 방향이 달라지는 것은 물론이고, 그 크기에 따라 아이의 역량과 재능의 발현 방식도 달라질 것이다. 마음의 크기가 향후 아이가 만들어 나갈 미래에 결정적 영향을 끼치는 이유다.

그러니 절대 소홀히 해서는 안 되는 것이 인성 교육이다. 아이의 성공(공부)을 위해서도, 꼭 우선되어야 하는 것이 인성 교육이다. 그러나 그 중요성을 알면서도 아이가 자랄수록 우선순위에서 밀리고 만다. 보이지도 않는 마음보다 눈앞에 놓인 성과가 더 급해 보이기 때문이다.

나 역시 그러한 때가 있었다. 내가 가르치는 아이들이 다른 반 아이들보다 뛰어났으면 하는 욕심에 눈이 멀기도 하였다. 아침 독서 시간, 책만 읽고 있으면 그걸로 만족했던 적이 있었다. 무슨 책을 읽고 있는지까지 관심을 두지 못했다.

하지만 해를 거듭해 가는 동안 아이들은 행동과 표정으로 나에게 올바른 교사, 아이들에게 필요한 교사의 참모습에 대해 일깨워 주었다. 그러한 깨달음이 고전 전문가도 아닌 내가 아이들과 함께 인성 고전읽기라는 무모한 도전을 하게 만들었다고 생각한다.

저마다 읽기 능력도, 관심 분야도 다른, 한두 명도 아닌 다수의 아이들을 데리고 고전을 읽기 위해서는 철저한 준비가 필요했다. 몇 권의 고전을 읽어 본 것이 고작인 나는 곧바로 다양한 고전읽기 강좌를 신청하였고, 나보다 먼저 이를 실천한 분들의 책들을 섭렵해 나갔다. 그렇게 공부를 해 나가니 나만의 기준이 생기기 시작했다.

초등학생이라는 발달상 시기를 고려하여, 최근에 나온 책일지라도 고전

의 반열에 올려도 좋은 인물을 다룬 책이라면, 혹은 몇 십 년 동안 스테디
셀러로 자리 잡은 책이라면 그 책 또한 충분히 고전이 될 수 있음을 깨달
았다. 또한 완역본을 읽히는 것이 좋은 책과 굳이 완역본이 아니더라도 가
치 있는 책들이 보이기 시작했다. 고전이 아이들의 마음에 긍정적 작용을
하기도 전에 질려 버리지 않도록, 조금은 쉽고 재미있게 접근하자는 생각
이 들었다.

　그렇게 하나하나씩 터득해 나간 정보들을 바탕으로 2년 동안 인성 고전
읽기를 실천해 나간 과정과 결과를 담은 것이 바로 이 책이다. 이 책을 통
해 인성 교육에 대해 갖고 있던 편견을 없애고 그 의미를 새로이 하는 기
회를 가질 수 있기를 바란다.

　'왜 굳이 가뜩이나 어려운 고전이었는가?' 하는 의문을 가지는 부모도
있을 것이다. 아이의 마음을 두드리는 고전읽기를 할 때, 고전이 가진 무
수히 많은 효과들을 온전히 아이에게 전달할 수 있기 때문이다. 마음에서
부터 시작하여 두뇌에 다다르는 독서가 바로 고전읽기인 것이다.

　고전읽기를 지도하는 데 엄청난 독서 실력이 필요하지는 않다. 고전에
대한 믿음과 열정만 있다면 가정에서도 얼마든지 고전을 읽을 수 있고 똑
같은 효과를 얻을 수 있다고 생각한다.

　이 책이 조금이나마 아이들의 변화와 성장에 도움을 줄 수 있기를 기대
해 본다.

　이 책이 세상에 나오기까지 나보다 더한 열정을 가지고 도와준 글담출
판사 이경숙과 나와 함께해 준 3학년 2반 아이들, 5학년 3반 아이들 그리
고 함께 뜻을 같이하고 도와주신 전지은 선생님에게도 감사의 말씀을 드

린다. 무엇보다 나의 힘이 되신 하나님께 영광을 돌린다.

2016년 봄비 곱게 내리는 날 이화자

 차례

작은 사고의 변화가 결국 아이를 변화시킨다

3장 가정에서 인성 고전읽기를 시작하기 전 유의 사항
고전읽기가 무조건 좋을 것이란 생각을 버려야 한다

5장 인성 고전읽기 프로젝트로 깨달은 효과적인 독서법
방법만 알면 고전이 즐거워진다, 성장한다

1장

인성 고전읽기 프로젝트의 시작

위기에 처한
아이들의 '마음'

"지금 아이들에게 가장 시급한 건 마음 교육이다"

:

친구를 괴롭히고도 장난이라며 대수롭지 않게 여기고,
욕 없이는 대화가 되지 않는 요즘 아이들.
그러나 이보다 더 심각한 건 자살률 1위, 우울증 1위가 말해 주는
아이들의 불안정한 마음 상태다.
지나친 학업으로 아이들이 마음 성장을 더 이상 놓치지 않도록
고전을 통해 인성 교육을 시킨 교사가 있다.

어느 한 도덕 선생님의
고백

2015년 여름, 세상을 떠들썩하게 만든 사건이 있었다. 여고생과 대학생이 포함된 10대 다섯 명이 지적 장애인을 감금, 폭행하고 학대한 사실이 언론에 보도된 것인데, 그들은 지적 장애인에게 돈을 요구하다 실패하자 담뱃불로 온몸을 지지고 뜨거운 물을 부어 실신시켰으며 그것도 모자라 장기 매매까지 모의한 것으로 드러났다. 어린 학생의 가혹하고 거침없는 만행에 온 국민이 충격에 휩싸였었다. 세 아이의 엄마이자 교육자인 나 역시 어떻게 우리 사회에서 이런 일이 일어날 수 있는지 할 말을 잃었던 사건이었다.

불과 몇 년 전에 근무했던 학교에서 있었던 일이 기억난다. 2학기에 접어들던 무렵, 쉬는 시간에 연구실에서 4학년 교사들이 모여 학년 회의를 진행하고 있었는데 한 아이가 헐레벌떡 뛰어 들어왔다.

"선생님! 큰일 났어요. 아이들이 미진이를 막 때려요."

"뭐라고? 몇 반이야?"

다급한 목소리에 놀란 선생님들은 아이가 말한 학급으로 뛰어갔다. 우리 반은 아니었지만 '학교 폭력'이라는 민감한 사안이 일어날 때는 학교 전체가 술렁거려서 남의 일이라고 할 수 없었다.

"그만두지 못해!"

문제가 일어난 교실에 가보니 그야말로 난장판이 되어 있었다. 미진이 (책에 나오는 아이들의 이름은 가명을 사용했다.)는 물인지 눈물인지 온 얼굴이 젖은 채 겁에 질려 울고 있었다. 머리카락도 온통 헝클어져 있어서 어떤 상황이었는지 충분히 짐작이 갔다. 쉬는 시간에 잠깐 벌어진 일이라고 하기에는 사태가 매우 심각했다.

지능이 조금 떨어지는 미진이는 학교 성적이 좋지 못했고 집안 형편도 어려웠던 터라 옷차림새가 가년스러웠다. 그래서인지 늘 혼자였고, 현장 체험 학습을 가도 짝 없이 맨 뒷자리에 앉아 있곤 했다. 그러다가 이런 사달이 일어난 것이다.

사건의 전말은 이러했다. 그날 반에서 힘이 센 한 아이가 미진이를 가리키며 아이들을 부추겼다.

"얘들아! 미진이 때리자!"

그러자 아이들이 우르르 몰려들어서 주전자에 담겨 있던 물을 미진이 머리에 붓고 때리고 머리채를 잡아당겼다. 미진이가 울며 소리를 질러도 아무도 나서서 말리지 않았다. 폭력에 끼지 않은 아이들도 남의 일인 양

그저 방관하기만 했다.

담임 교사가 두어 시간에 걸쳐 아이들을 야단치고, 다시는 그러지 않겠다는 다짐을 받아 내면서 사건은 일단락됐다. 하지만 야단을 맞았다고 해서 아이들의 생각이 얼마나 바뀌었을까? 단지 그 순간을 벗어나려고 반성하는 체했던 것인지도 모른다.

이것이 나의 지나친 우려이기만을 바라지만, 모둠 활동을 할 때면 아이들이 친구들을 배려하기보다는 자기 생각만 하는 모습을 종종 발견한다. 소심하거나 발달 속도가 느린 아이를 싫어해 모둠에 끼워 주지 않는 일도 비일비재하다.

"에이! 쟤 우리 모둠에 오면 싫은데……, 선생님, 쟤 다른 모둠에 보내면 안 돼요?"

이럴 때마다 마음이 불편하다. 자기가 한 말이 그 친구에게 얼마나 상처가 되는지 모르는 모양이다. 예전에는 형제자매가 많아서 여럿이 부대끼는 사이 자연스럽게 서로 돕고 참고 양보하는 마음을 배울 수 있었다. 그런데 요즘은 많아야 둘이다 보니 자기 입장만 생각하고 다른 사람의 마음을 헤아리지 못하는 아이들이 상당히 많다.

'도덕道德'이란 '사람이 스스로 마땅히 지켜야 할 도리'를 뜻한다. 지적 장애인을 감금, 폭행했던 여고생과 대학생도 학교에서 10년 이상 도덕 수업을 들었을 것임이 틀림없다. 자신보다 못하다고 친구를 따돌리고 급기야 때리기까지 한 초등학생 역시 여전히 학교에서 도덕 과목을 배우고 있는 학생이다. 그런데 이 아이들은 왜 '사람이 스스로 마땅히 지켜야 할 도리'를 저버리는 행동을 하는 걸까?

약한 사람을 먼저 배려하라고 가르치지만 약한 아이를 괴롭히는 아이들, 부모를 공경하라고 가르치지만 용돈을 안 준다고 부모를 폭행하는 청장년들……

2015년 7월 21일부터 '인성교육진흥법'이 시행되고 있다. 이 역시 학교 폭력 대책의 하나로 시작되었으나 결국은 전인 교육, 즉 인성 교육을 목표로 한다. 물론 아이들의 인성을 평가해 점수화한다는 것이 바람직하기만 한 일은 아니다. 또 다른 사교육 시장을 야기한다는 반대 의견도 일리가 있다. 이런 와중에 곧 '불효자방지법'을 추진하겠다는 뉴스도 나오고 있다. 부양 의무를 다하지 않는 자녀를 상대로 상속 재산을 부모가 되돌려 받을 수 있게 하는 법이라는 설명인데, 효를 법의 손에 맡기는 지경까지 이르렀다는 사실에 쓸쓸함마저 느껴진다.

전 시카고대학교 교수이자 교육심리학자인 벤저민 블룸은 교육 목표를 '인지적 영역', '정의적 영역', '심동적 영역'으로 나누었다. 인지적 영역이란 일반 지능, 적성, 창의력 등 기본 능력과 재능을 말하고, 정의적 영역은 감성과 의지를 말하며, 심동적 영역은 신체적 발달과 운동 능력을 말한다. 이 세 가지 영역, 즉 지력知力, 심력心力, 체력體力을 균형 있게 개발하는 것을 교육으로 본 것이다. 그런데 우리나라는 지나친 학업과 경쟁 위주의 교육으로 학생들의 지력은 뛰어난 반면 심력과 체력은 확연하게 부족하다. 이러한 불균형이 심각한 인성 교육의 문제로 이어진 것은 아닌지 반성해 볼 필요가 있다.

교사로서 제도가 인성에까지 관여하는 상황이 환영할 만한 일은 아니지만, 인성교육진흥법 제정이 아이들의 마음을 돌아보는 사회적 분위기를 조성하고 인간다운 성품을 기르는 길잡이가 되기만을 기대해 본다.

가장 가르치기 힘든 과목, 도덕

5, 6학년은 도덕이 일주일에 한 시간씩 배정되어 있다. 한때 도덕이라는 교과목을 없애야 한다는 주장이 공론화되기도 했었지만 다행히 사라지지 않고 남아 있다. 아니, 오히려 도덕 교과의 중요성은 앞으로 더욱 커질 것이라고 내다본다.

교과 전담 교사로서 도덕을 가르쳐 왔지만, 안타깝게도 도덕 과목을 반기는 교사는 거의 없다. 가장 가르치기 힘든 과목이기 때문이다. 이른바 성적에 영향을 끼치는 주요 과목이 아닐뿐더러 다 아는 내용을 다루기 때문에 뻔하고 지루하다고 여긴다. 게다가 공부만 잘하면 된다는 성적 위주의 사회적 분위기가 은연중 아이들에게 영향을 끼쳐, 국어, 영어, 수학과 달리 도덕은 적당히 쉬어 가는 교양 과목쯤으로 생각한다. 물론 도덕 성적이 우수하면 기분 좋겠지만, 예의범절을 잘 지키고 착하게 행동한다고 해서 어떤 보상이 따르는 것은 아니기 때문에 소홀히 하는 경향이 짙다.

아이들의 이러한 생각이 무조건 틀린 것만은 아니다. 만약 도덕 시간이 글자 그대로 사람이 스스로 마땅히 지켜야 할 도리에 대해서, 도덕에 대한 용어나 그 가치에 대해서만 가르치는 시간이라면 말이다.

"웃어른을 만나면 공손하게 인사를 한다."

도덕 시간에 이러한 예절을 가르친다고 해서 아이들의 행동이 변할까?

지금껏 어린이집이나 유치원 교사는 물론이고 부모 역시 아이들에게 누누이 일러 주었을 것이다. 가르친다고 변한다면 누구나 예의 바른 사람이 되었을 것이다.

예절 교육을 예로 들었지만 다른 부분에서도 마찬가지다. 도덕 시간에 도덕 용어나 가치에 대해서만 배우는 것은 아니다. 이보다는 앞으로 어떻게 살아야 할지를 고민해 보고 체득하는 시간이라고 할 수 있다. 그러나 어렸을 때부터 시험이나 점수로 평가받는 데 익숙하여 도덕 수업마저 그저 지식 습득의 차원으로 받아들이는 탓에 아무리 좋은 가르침을 주어도 행동이 따르지 않는 공염불이 되고 있다.

마음의 크기가
아이의 미래다

부모들은 대개 아이들이 공부를 잘하면 잘 자라고 있다고 안심을 한다. 아무런 문제가 없다고 말이다. 그런데 정말 그럴까?

한국 학생들의 국어, 수학, 과학 등의 학력 수준은 경제협력개발기구 OECD 국가 중 최상위권에 든다. 한편 국제에너지기구IEA에서 실시한 국제 시민의식 교육연구를 바탕으로 36개국 청소년의 사회적 상호작용 역량 지표를 분석한 결과, 한국은 35위에 그쳤다. 한국 청소년은 책상에서 보는 시험 성격이 강한 부분에서는 높은 점수를 받은 반면 사회적 활동과 관련해서는 전혀 점수를 받지 못한 것으로 나타난 것이다. 2012년 한국방정환재단과 연세대 사회발전연구소가 공동 조사한 한국 청소년 행복 지수는 4년 연속 OECD 회원국 중 꼴찌를 차지하기도 했다.

이러한 조사 결과를 증명하듯, 1년에 200명이 넘는 학생이 자살을 하고, 학생 10명 중 4명이 학교를 떠나고 싶어 한다. 그 이유의 대부분이 학업 성적 때문이며, 자신의 삶에 긍정적인 태도를 가지고 있느냐는 질문에 절반 이상이 아니라고 답했다.

우리나라의 교육열은 세계에서도 으뜸으로 꼽을 정도로 뜨겁다. 아이들은 부모의 등쌀에 못 이겨 학원과 과외를 전전하고 있다. 늦은 밤 학원에 다녀오는 아이들을 어렵지 않게 만날 수 있다. 물론 아이 스스로 배우고 싶어 하고 부족한 것을 보충하고자 학원을 다니는 것이라면 그보다 좋은 일은 없을 것이다. 하지만 아이의 선택과 결정이 아닌, 부모가 일방적으로 학원이나 과외로 내모는 것은 깊이 생각해 보아야 할 부분임에 틀림없다. 어릴 때부터 학업 스트레스와 과도한 경쟁에 내몰린 아이들은 마음 깊은 곳에 분노와 좌절감, 무력감이 자리 잡게 된다.

오래 전, 틱 장애를 가진 초등학교 4학년 아이를 상담한 적이 있었다. 그 아이의 부모는 아이가 유치원 때부터 받아쓰기를 가르쳤고 하나 틀릴 때마다 손바닥을 한 대씩 때리는 체벌을 가했다. 초등학교에 입학하자 100점을 받아야 한다는 부모의 압박은 더욱 심해졌고, 아이는 스트레스 때문에 무의식중에 눈을 깜빡이는 증상이 생겼다. 시간이 지날수록 아이의 틱 장애 증상은 더욱 심해졌고, 이로 인해 친구들의 놀림을 받았다. 결국 정신과 진료까지 받는 상황에 이르렀지만 상황은 좋아지지 않았다. 안타깝게도 그 아이는 고등학생이 되어서도 공부를 멀리하고 가출을 반복하며 방황하고 있는 듯했다.

중국 모소 대나무는 그 성장 유형이 매우 독특하다. 중국의 극동지방에서만 나는 희귀종인데, 처음 4년 동안은 물과 거름을 주어도 잘 자라지 않는다. 4년간 3센티미터 자라는 게 고작이다. 그러다가 5년이 지나면 하루에 30센티미터씩 폭발적으로 성장하여 6주 만에 15미터 이상 자란다. 얼핏 보면 6주 만에 놀라운 기적이 일어난 것 같지만, 실은 그 4년이란 시간 동안 수백 미터에 이르는 뿌리를 뻗치며 폭풍 성장을 위한 준비를 하고 있었기에 가능한 일이다.

부모들이 여기에 주목해 주었으면 한다. 그리고 아이 교육 역시 여유를 가지라고 조언하고 싶다. 아이들은 시기에 따라 단계적으로 성장하고 발달한다. 저마다 지니고 있는 재능이 다르고 그 재능이 표출되는 시기 역시 다르다. 아이는 어느 순간 폭발적으로 성장하는 모소 대나무와 같다. 그때를 믿고 지긋이 기다려 주는 여유를 가져야 한다. 그리고 그때를 위해 미리미리 충분한 영양분을 주기를 바란다.

여기서 영양분이란 머리를 키우는 지식 교육만이 아니라 마음 교육도 빼놓을 수 없다. 마음 교육이 한동안 뒷전으로 밀린 사이 아이들에게 친구는 경쟁자가 되었고, 성적이 아이 삶에 전부가 되어 버렸다. 국영수와 같은 주요 과목이 아닌 다른 교과를 가르치는 교사는 수업 시간에 잠자는 아이를 깨워야 하나 말아야 하나를 고민한다고 한다. 수업에 대놓고 잠자는 아이가 많아 학교를 그만두어야 할지 속상한 마음을 털어놓는 비교과 교사도 많다.

하지만 이 정도 행동은 이제 애교에 불과하다. 중학생이 등굣길에 불량한 복장을 지적하는 교사에게 욕설을 하며 멱살을 잡아 흔든 일이 발생했다. 어느 고등학교에서는 학생이 여교사들의 치마 속을 몰래 촬영해 오다

적발되기도 했다.

2012년 한국교육개발원이 실시한 설문 조사에 따르면, 학부모, 교사, 일반인 모두 '학생에 대한 인성 교육 강화가 시급하다'라는 데 마음을 같이 하고 있다. 10명 중 4명꼴인 35.8퍼센트가 학생의 도덕성과 인성 약화를 정부가 우선해야 할 문제로 꼽았다.

지나친 학업 위주의 교육으로 청소년 자살률 1위, 우울증 발생률 1위인 우리나라에서 뒤늦게나마 마음 교육, 즉 인성 교육에 관심을 갖게 된 것은 매우 다행스러운 일이다. 아이를 행복한 성공자로 키우려면 당장의 학력보다 아이의 인성이 더 중요하다.

『인재 혁명』이란 책을 쓴 조벽 교수는 성공적인 인생을 누리는 데 가장 중요한 것은 무엇인지 밝힌 한 연구자의 논문을 소개한 바 있다. 1940년대 하버드대학교 학생과 보스턴 빈민가 청년을 72년간 추적 조사한 결과, 인생에 가장 중요한 영향을 끼치는 것은 인간관계였다고 한다. 여기서 말하는 인간관계란 늘 만나는 사람뿐만 아니라 처음 만나는 사람을 포함하여 호감과 존중, 배려를 베풀 수 있는 능력이라고 한다. 이에 따라 인생의 성패가 판가름 난다는 것이다. 다시 말해 인생의 행복과 성공을 좌우하는 것은 인성이며, '사람됨'이 갖추어지지 않으면 아무리 인지 능력이 뛰어나고 좋은 대학을 졸업했다 해도 존경받는 사람이 되지 못한다고 말했다. 세계적 사회학자 전혜성 박사 역시 "재능만으로 성공한 사람은 없다. 능력에 걸맞은 사람됨이 글로벌 인재가 되는 열쇠"라고 말했다.

인성 교육의 목표는 오로지 착하고 바르게 행동하도록 가르치는 것이 아니다. 다른 사람을 배려하고 긍정적인 생각을 갖는 것, 스스로 사고해 올바른 답을 찾고자 노력하는 것 또한 인성 교육의 주요 목표다. 무엇보다 인성이란 마음의 가치관이다. 이에 따라 삶의 방향이 달라지는 것은 물론이고, 인성의 크기에 따라 아이의 역량과 재능의 크기 그리고 발현 방식도 달라질 것이다. 그러므로 인성이란 아이의 능력을 담아내는 그릇이라고 할 수 있다. 그 그릇의 크기가 향후 아이가 만들어 나갈 미래에 결정적 영향을 끼칠 것임은 불 보듯 훤한 이치다.

목적이 올바를 때
고전읽기는 실패하지 않는다

　요즘 학부모와 만날 때면 적어도 한 번씩은 독서에 대한 이야기를 하게 된다. 최근에는 고전에 대한 질문을 많이 받고 있는데, 그도 그럴 것이 독서 교육이 활성화되면서 고전이 초등 학부모 사이에서 화제가 되고 있다. 교육자로서 좋은 현상이라고 생각하지만, 한편으로 우려가 되는 것도 사실이다. 고전이 독서 교육의 최고 단계이자 또 하나의 선행 학습 수단이 되어 버린 듯해서다. 이는 부모만의 잘못이 아니다. 고전읽기를 너도나도 강요하는 분위기 속에서 올바른 정보만을 골라내 독서 교육의 방향을 잡기란 어려운 일이다.

　그러니 고전읽기를 시작하고자 한다면, 또는 이미 시작했다손 하더라도, 고전이란 무엇인지, 왜 아이에게 고전을 읽히고자 하는지, 고전읽기를 통해 진짜 신경 써야 할 것이 무엇인지를 점검해 보고 고전읽기의 방향성을 올바르게 확립하는 시간을 가져야 한다고 생각한다.

내가 아이들과 본격적으로 고전을 읽기 시작한 것은 2014년 3학년 담임을 맡으면서부터다. 2학기가 시작될 즈음이었는데 교실에 들어서니 아이들이 모두 조용히 독서를 하고 있었다. 기특한 마음에 교실을 한 바퀴 돌고 나자 기특함은 이내 실망감으로 바뀌고 말았다. 아이들이 읽고 있는 책은 대부분 만화책이었고, 단 세 명만이 줄글로 된 책을 읽고 있었다. 그마저도 유치원 동생이 읽을 법한 얇은 그림책이었다. (사실 이런 책 자체가 나쁘다고는 할 수 없다. 다만 이러한 책의 자극적 내용과 가벼움에 익숙해진 아이들은 다른 책을 멀리하는 경향이 강하다.)

책 읽는 모습 역시 얼핏 보기에는 집중하는 듯 했지만 매우 산만했다. 그도 그럴 것이 깊이가 얕은 책은 한 줄 한 줄 꼼꼼히 읽어 내려가는 게 아니라 눈으로 글자를 훑듯이 읽게 된다. 자연히 깊은 생각의 단계로 들어서지 못한다. 주위의 작은 자극에도 금세 주의가 흐트러지고 5분도 채 안 되어 이것저것 다른 데에 관심을 돌리게 되는 것도 이러한 이유 때문이다. 문제는 이러한 태도가 독서에만 국한되는 것이 아니라는 점이다. 수업 시간에도 잘 집중하지 못하고 친구 관계를 비롯해 매사에 소극적인 모습을 보인다.

아침 독서 시간이라는 정해진 시간을 채우기 위해 하는 독서가 귀를 막고 음악을 듣는 것과 무엇이 다를까? 우리 아이가 책을 좋아하는데, 책을 제법 읽는 것 같은데, 그럼에도 아이에게 어떤 '긍정적인 변화가 일어나지' 않는 것처럼 느껴진다면, 부모는 아이가 읽고 있는 책을 다시 한 번 점검해 보는 게 좋다.

　몇 해 전 『오싹오싹 소름끼치는 학교 괴담』이라는 제목의 책을 너 나 할 것 없이 읽는 것을 보고 무척 걱정했던 적이 있다. 요즘도 아이들은 이런 종류의 책을 즐겨 읽고 밤에 혼자 있으면 무섭다고 이야기한다. 독일의 철학자 아르투르 쇼펜하우어는 이렇게 말했다.

　"좋은 책을 읽기 위해서는 나쁜 책을 읽지 않는 것이 중요하다. 그러려면 잠시 인기 있는 책에 함부로 손대지 말아야 한다. 바보 같은 독자를 위해 책을 쓰는 저자들이 흔히 많은 독자를 거느리고 있다는 사실을 깨달을 필요가 있다."

　쇼펜하우어가 말한 좋은 책은 어떤 책일까? 아무리 많이 읽더라도 아이의 인성과 생각에 부정적인 씨앗을 심어 주는 책이라면 차라리 안 읽은 것만 못하지 않을까? 캐나다의 아동 도서 전문가 릴리언 스미스는 "한 아이에게 그 책이 좋다는 의미는 그 책을 읽음으로써 아이에게 긍정적인 변화가 일어났을 때"라고 말하며 좋은 책의 조건에 대해 피력한 바 있다. 내가 생각하기에 좋은 책이란 아래와 같다.

- 아이를 긍정적인 변화로 이끌 수 있는 책
- 닮고 싶은 훌륭한 인물이 등장하는 책
- 아이에게 생각을 하게 만드는 책
- 어휘와 문장이 훌륭하고 좋은 책
- 미래를 꿈꾸게 하는 책

이러한 책을 일일이 선별해 내기란 대단히 어렵다. 이를 대신하여 우리가 쉽게 선택할 수 있는 방법은 바로 고전을 읽히는 것이다. 고전은 이와 같은 좋은 책의 요건을 충족시키기 때문이다.

내가 인성 고전읽기를 시작한 이유

사실 2014년이 되어서야 아이들과 함께 고전읽기를 시작했던 이유는 내가 그즈음 고전이 주는 깨달음을 통해 즐거움을 깊이 느껴 가고 있었던 까닭이다. 교육자로서 독서 교육에 관심이 많았던 나였지만, 솔직히 고전읽기 붐 속에서도 쉽사리 시도를 할 수가 없었다. 내가 고전을 읽지 않았기에 내가 하지 않은 것을 아이들에게 권하는 것은 어불성설이라고 생각했다. 내가 경험하지 않은 것을 아이에게 잘 지도할 수 있을지, 그러한 지도가 과연 의미가 있을지 의문이었다.

또한 많은 이들이 공감하겠지만 고전은 어렵다는 인식이 있었다. '어른조차 다가가기 힘든 고전을 아이들이 과연 읽을 수 있을까?' '고전에 나오는 한자어나 뜻이 어려운 용어 때문에 오히려 아이들이 책을 더욱 멀리하게 되지는 않을까?' 하고 염려했었다. 하지만 고전을 읽기 시작하면서 괜한 기우였다는 생각이 들었다. 무엇보다도 고전이 주는 독서의 즐거움은 여느 책과 비할 게 아니었다. 고전 속 인물의 행동과 생각은 내게 깊은 감동을 주었다. 이러한 즐거움을 아이들과 나누고 싶었다. 얄팍하게 독서하는 아이들을 지켜보면서 독서의 참된 즐거움을 선사하고 싶어졌다. 책장을 덮고 나면 잊히고 마는 그런 독서가 아니라 책장을 덮었을 때 오히려 여운이 남아 변화가 일어나는 독서를 경험시켜 주고 싶었다. 그래서 아이들과 고전을 읽기로 마음먹었다.

이를 위해 문학이든, 인문이든 분야를 가리지 않고 다양한 고전을 읽는 한편, 연수와 강의를 통해 고전읽기 지도법을 공부했다. 고전읽기 지도 전문가가 아니더라도 관심과 열의가 있다면 누구나 충분히 시작할 수 있다는 믿음이 있었다.

최근에는 고전의 깊이와 내용은 충분히 다루면서도 어린이 눈높이에 맞게 풀어 쓴 고전 도서가 많이 출판되고 있다. 재질이나 디자인도 뛰어나다. 이러한 책들은 고전을 원문으로 읽기 전에 그 내용을 미리 이해하고 싶은 어른들도 많이 찾는다. 설사 조금 어려운 내용일지라도 자주 접하다 보면 아이의 사고력이 확장되어 이해의 폭이 더욱 넓어진다고 한다. 그러니 고전은 어렵다는 걱정은 접어 두어도 좋겠다.

위인들의 이야기를 살펴보면 하나같이 어렸을 때부터 고전을 읽어 왔음을 알 수 있다. 500권에 이르는 책을 쓴 조선 후기 실학자 정약용은 유교의 가르침이 담긴 『논어』, 『맹자』, 『대학』 등의 경서로 학문의 기초를 다지고, 『자치통감강목』 같은 중국 역사책이나 『삼국사기』, 『고려사』 같은 우리 역사책도 두루 읽었다. 『자유론』의 저자 존 스튜어트 밀 또한 태어날 때는 평범하기 이를 데 없었지만 어려서부터 고전을 읽기 시작해 뛰어난 사상가로 거듭났다.

대부분의 가정에서 고전읽기를 시도했다가도 포기하게 되는, 아니면 고전읽기를 시도조차 하지 않는 또 다른 주된 이유는 아마도 학업일 것이다.

고전이 선행 학습의 수단이 되기도 하지만 시간이 걸리는 만큼 학년이 올라갈수록 관심이 사그라든다. 사실 고전읽기의 효과는 우리의 기대처럼 즉각적이지 않다. 지금 당장은 조선 시대의 왕 이름을 외우는 것이 더 쓸모 있어 보인다.

이는 말 그대로 근시안적인 생각이다. 고전읽기에 대한 뜨거운 관심에도 불구하고, 주변에서 고전읽기 성공담을 잘 듣지 못하는 것도 이 때문이다. 고전읽기의 목적이 잘못되었다. 고전읽기에 '학습'이 침범해서는 안 된다. 고전의 진정한 가치는 내면의 성장에 있다. 학습은 이로 인한 부차적인 효과라는 사실을 꼭 명심해야 한다.

부모는 아이에게 단기적이며 일시적인 성장이 아닌, 지속가능한 성장을 이끌 수 있는 힘을 키워 줘야 한다. 그리고 이는 지식 교육만이 아닌 마음 교육을 꾀함으로써 얻을 수 있다고 생각한다. 아이들은 고전을 통해 바른 인성을 배울뿐더러 내면의 힘을 기르고 미래의 비전을 세울 수 있다.

그러나 고전이 아무리 좋다 한들 그 효과를 온전히 아이의 것으로 만들어 주기 위해서는 고전읽기에 대한 바른 인식과 목표 확립이 필요하다. 이에 대해서는 3장에서 좀 더 자세히 설명하겠다.

인성 교육은 가르치는 것이 아닌 깨닫는 것이다

다행히도 교육의 위기와 절망을 직시한 많은 교육자와 교육 단체가 뜻을 모아 새로운 학교 문화 정착을 위해 고군분투하고 있다. 아이들의 학력을 높이고 각종 경시대회에서 우수한 성적을 거두는 것도 중요하지만 아이들이 교사를 비롯해 또래 아이들과 관계를 형성하는 법을 배우고 자신만의 가치관을 확립해 나가는 등, 인성 교육 역시 이에 못지않게 시급하다는 데 인식을 같이하고 있는 것이다.

2013년 조벽 교수는 현직 교사를 대상으로 '소통하는 행복한 학교'라는 주제로 '인성 교육, 생활지도 기법'에 대한 상담 연수를 실시했다. 그는 인성을 아래와 같이 정의했다.

"인성이란 비폭력 학교를 만드는 데만 필요한 덕목이 아닙니다. 인성과 감성은 창의력의 핵심이며, 장기 성공의 유일한 성공 지표입니다. 소통과 공감 능력의 중심이며, 집단 지성을 이루기 위한 필수 요건임이 수많은 연구 결과로 입증되었습니다. 즉 인성이 인재가 갖추어야 하는 최고의 실력인 것입니다."

인성 교육의 중요성은 누구나 공감하고 부모라면 내 아이가 따뜻하고 지혜로운 사람이 되기를 바란다. 그러나 이러한 바람과는 달리 연신 아이들의 인성과 관련한 사건들이 쏟아진다. 공원 같은 공공장소에서 보란 듯이 담배를 피우고, 심지어 이를 지적하는 어른을 폭행하는 일도 일어나고 있다. 학교 폭력 문제 역시 나날이 심각해지고 있다. 서울대생이 흙수저 인생을 비관하며 자살하여 큰 충격을 주기도 하였다.

인성 교육이 부족해서라고만 하기에는 해결책을 찾기 어렵다. 어디에서 문제의 원인을 찾을 수 있을까?

아이들은 모방 심리가 강하다. 주위에 보고 배울 훌륭한 멘토가 있어야 한다. 아이가 경험하는 모든 어른들이 멘토가 되어 준다면 좋겠지만 그렇지 못하는 경우가 상당히 많다. 우리나라의 이혼율은 세계 최고 순위를 차지하고 있을 정도로 심각하다. 가족이 붕괴하면 아이는 더욱 기댈 곳이 없어진다. 예전에는 부모가 없으면 함께 사는 조부모나 삼촌, 고모 등이 아이를 돌보았지만, 핵가족 중심의 사회로 변하면서 이런 지지 집단이 사라진 지 오래다.

더군다나 사춘기에 접어들면서 아이들은 또래끼리 몰려다니고, 그들만의 문화를 형성한다. 마음이 건강하지 못한 아이일수록 불건전한 또래 문화에 쉽게 동화되고, 자존감이 낮은 아이일수록 또래 집단 속에서 소속감을 느낀다. 게임이나 SNS와 같은 가상 세계에서 외로움을 달래며 고립되어 가거나, 현실과 가상을 분별하지 못하는 혼란에 빠지기도 한다.

내가 도덕 시간에 늘 강조하는 말이 있다. 인성 교육은 가르치는 것이 아니라 깨달음에서 비롯된다는 것이다.

"도덕 시간은 여러분이 무엇을 배우고 암기하는 시간이 아니에요. 마음속에서 무언가를 깨닫는 것이 아는 것보다 더 중요해요. 그리고 그 깨달음이 일어났을 때 작은 것이라도 실천해 보는 사이 여러분은 조금씩 성장하게 될 거예요."

이를 위해서는 성숙한 어른에게서 바른 마음 자세와 태도를 보고 깨닫는 것이 가장 이상적이다. 그런데 이미 앞서 말했듯이 그런 사람이 과연 있을까? 있다고 해도 아이의 주위 환경을 모두 그런 사람으로 채워 줄 수는 없는 노릇이다. 이를 가장 쉽고 효율적으로 해결하는 방법이 바로 고전을 읽히는 것이다.

몸이 건강한 아이로 키우기 위해 보양식을 먹이듯이, 마음이 건강한 아이로 자라나게 하려면 마음에 좋은 양식을 먹여야 한다. 그중 하나가 바로 고전인 것이다. 고전에 담긴 저자의 위대한 사상이 인생을 한층 더 아름답고 가치 있게 느끼게 해줄 것이며, 우리 삶에 대한 통찰력을 길러 줄 것이다. 그리하여 수많은 삶의 선택지에서 올바른 선택을 할 수 있도록 길잡이 역할을 해줄 것이다.

고전이 인성 교육의 훌륭한 모델이 될 수 있는 이유는 아이에게 끊임없이 의문을 품게 해주기 때문이다. 유대인은 자녀가 처음 초등학교에 들어가면 "선생님께 무엇이든 꼭 질문해라!"라고 가르친다. 반면 우리나라 학부모는 "가만히 앉아서 선생님 말씀 잘 들어라!"라고 가르친다. 그래서 우리 아이들은 학교에서 그저 가르치는 대로 받아들이고 정답 찾기만을 연습한다. 그런데 고전은 이게 정답이라고 가르쳐 주지 않는다. 무엇이 정답일 것 같으냐고, 이에 대한 너의 생각은 무엇이냐고 묻는다.

『논어』에 "타고난 본성은 서로 비슷하지만 습관에 따라 서로 멀어진다."라는 글귀가 있다. 처음 태어날 때는 모든 사람이 엇비슷하다. 하지만 어떤 습관을 지니느냐에 따라 변화와 성장을 경험하는 사람이 있고, 그렇지 못한 사람이 있다. 바꾸어 말해 의문을 품어 스스로 깨달음을 경험할 수 있다면 그만큼 아이의 삶이 바뀔 수 있다는 뜻이다. 고전은 '왜?'라는 질문을 하게 만든다. '어떻게' 하는 것이 옳은지 생각하게 한다. 글을 통해 훌륭한 사람들의 말과 행동을 경험하면서 수많은 깨달음을 얻게 해주고, 이로써 올바른 가치관과 인성을 갖추게 해준다.

그래서일까? 고전읽기를 진행하면서 아이들의 마음에 일어난 변화를 수없이 확인하곤 하였다.

고전은 아이의 마음에
자리 잡는다

인성은 그저 부르짖는다고 저절로 길러지는 것이 아니다. 교사와 부모의 잔소리로 인성이 좋아지는 것은 더더욱 아니다. 주입식 교육이나 프로그램이 아닌, 아이 스스로 내면 깊은 곳에서 의미를 깨달을 때 비로소 바른 인성이 싹튼다. 그 싹을 틔우고 키워 나가는 데 최고의 밑거름이 되는 것이 바로 고전이다. 인성 고전읽기를 진행하는 2년 동안 이를 수없이 목격하곤 하였다.

> 정약용이 아들에게 보낸 편지 중에 다음과 같은 구절이 마음에 와 닿았다.

"만약 옳지 못한 점을 찾았을 때는 자기 자신도 돌이켜 비춰 보고 조심하면서, 그와 같은 잘못을 저지르지 않도록 단단히 노력해라."

나는 이 글을 보면서 옳지 못한 점을 찾아 그것을 깨닫지 못한다면 배우지 못한 사람과 같다는 것을 깨달았다. 나는 옳지 못한 점을 찾아 나 자신을 돌이켜보고 그와 같은 잘못을 또다시 저지르지 않도록 노력해야겠다고 다짐했다. 나는 화가 날 때 욕을 하곤 한다. 이것이 잘못된 행동인 줄 알면서 고치려는 노력을 하지 않았다. 이제부터 욕을 하지 않도록 조심해야겠다.

초등학교 5학년 아이가 쓴 글이다.(이 책에서 소개하는 아이들의 글은 맞춤법만 수정하였을 뿐 원문을 그대로 옮겨 놓았다.) 요즘 아이들은 욕을 입에 달고 산다고 해도 과언이 아닐 정도로 욕을 일삼는다. 욕을 하지 말라고 주의를 주면, 왜 하면 안 되냐고 반문하는 경우도 종종 있다. 이럴 때마다 말문이 막힌다. 그런데 이 아이는 『유배지에서 보낸 정약용의 편지』를 읽고 스스로 다짐하는 모습을 보였다. 정말 지켰는지 지키지 못했는지는 둘째 치고, 스스로 깨달아 그런 다짐을 했다는 사실 자체만으로도 대단히 고무적이라고 할 수 있다.

고전이 이럴 수 있는 것은 아이의 마음속 깊이 깨달음을 주기 때문이다. 내면의 변화가 있을 때 진정한 행동의 변화가 일어나는 법이다.

나에게 고민이 있다. 나의 엄마는 중국인이라서 난 다문화 자녀다. 웬일인지 내 얼굴은 다른 아이보다 검어서 친구들이 놀릴 때는 죽고 싶은 마음이 든다.

그런데 난 『장애를 넘어 인류애에 이른 헬렌 켈러』를 읽고 마음의 감동을 받았다. 자신이 여러 장애를 가졌음에도 불구하고 시각 장애인을 위한 모금 운동을 하는 등 미국의 시각 장애인을 위해 온몸을 바쳤다.

나는 얼굴이 검다고 고민한 것이 부끄러웠다. 이제 나도 헬렌 켈러처럼 힘들고 어려운 사람을 돕는 일을 하고 싶다. 아빠는 사회복지사가 되면 좋은 일을 하며 살 수 있다고 말씀해 주셨다. 이 책을 읽고 나니 너무 뿌듯하다.

이 글은 3학년 남자아이의 일기다. 아이들도 어른들 못지않게 고민이 많다. 어른들 눈에는 아이들 고민이 시시해 보여도 아이에게는 매우 큰 문제다. 그 마음을 부모가 일일이 헤아려 줄 수 있다면 가장 좋겠지만 그러기란 힘들다. 아니, 불가능하다는 말이 더 알맞을 것이다. 고전을 읽으며 아이는 자신과 비슷한 고민을 하는 사람을 만나기도 하고, 자신보다 더한 고민을 가진 사람을 만나기도 한다. 고전은 '이럴 때는 이렇게 해야 한다'라고 직접적인 가르침을 주기보다는 인물을 통해 함께 문제를 고민하고 방법도 찾아보며, 그런 행동의 결과를 다양하고 흥미진진하게 풀어 놓는다. 힘들여 운동할수록 근육이 단단해지는 것처럼 이러한 고민의 과정을 통해 아이의 마음은 치유되며 성숙해진다.

일본 메이지대학 사이토 다카시 교수는 『독서는 절대 나를 배신하지 않는다』(걷는나무)라는 책에서 고전이 인간의 삶에 영향을 끼치는 이유에 대해 아래와 같이 설명했다.

> 아주 오랜 시간 동안 사람들의 사랑을 받으며 살아남았다는 것은 그만큼 시간과 공간의 변화에도 변하지 않는 본질을 담고 있다는 것을 의미한다. 아무리 문명이 발전하고 사람들이 살아가는 모습이 급격하게 달라졌다고 해도 변하지 않는 인간의 본성과 인간이기 때문에 필연적으로 경험할 수밖에 없는 삶의 요소들이 있다. 예를 들면 삶과 죽음, 사랑, 증오, 선과 악, 쾌락, 고통, 도덕, 공동체 등이 그렇다.

다시 말해 어떤 환경과 조건 속에서도 변함없는 가치를 알고 지금 우리에게 진정 의미 있는 것이 무엇인지 깨닫게 하는 것이 고전이다.

이를테면 부모에게 효도를 다하는 것은 인간의 근본 도리다. 옛날에는 부모에게 아침저녁으로 문안 인사를 드리고, 부모가 돌아가신 뒤에는 삼년상을 지내는 경우가 대부분이었다. 요즘은 핵가족 시대로 결혼 후에 부모와 함께 사는 경우가 적을 뿐 아니라 돌아가신 뒤에 삼년상을 지내는 예禮는 사라졌다. 하지만 부모에게 효도를 다해야 하는 가치관은 시대가 다르다 하더라도 변하지 않는 덕목이다.

고전은 이렇듯 시대를 초월해 변하지 않는 근본을 담고 있기에 자꾸 읽다 보면 그러한 본질이 되는 가치관과 생각이 내면에 켜켜이 쌓이게 된다. 권선징악이 뚜렷한 전래 동화와는 다르게 절대적인 선도 악도 없는 이야기를 읽으며 스스로 끊임없이 고민해 보기도 하고, 나는 경험하지 못한 어려움과 슬픔, 역경을 이겨 내는 모습에 감동하기도 한다. 이렇게 고전읽기를 통해 얻은 깨달음과 감동은 아이를 내면에서부터 변화시키는 원동력이 된다.

『홍당무』에서 '홍당무'라는 별명으로 불리는 주인공 소년은 가족에게조차 따돌림과 구박을 받으며 자란다. 이런 가족의 구박 속에서도 홍당무는 그들에게 사랑을 받으려고 최선을 다한다. 냉정한 엄마의 마음에 들기 위해 한밤중에 닭장 문을 닫는 일도 마다하지 않지만 아무도 홍당무의 수고로움을 알아주지 않는다. 그런데도 홍당무는 묵묵히 집안의 궂은일을 도맡아 하면서 가족과 잘 살아가는 법을 익히려 애쓴다.

아이들은 『홍당무』를 읽으며 엄마가 좋아하는 행동을 하며 잘 보이기 위해 애쓰는 홍당무의 모습에 안쓰러움을 느낀다. '홍당무는 수박을 싫어한다'는 엄마의 한마디로 수박을 먹지 못하게 된 홍당무가 수박껍질을 토끼장에 버리러 가서 가족들이 먹다 남긴 부분을 갉아 먹을 때는 가엾고 불쌍해한다. 아이들은 자신의 가족 관계를 떠올리며 홍당무와 자신을 끊임없이 비교하면서 불편하고 힘든 가족 관계를 의젓하게 이겨 내는 홍당무에게 응원을 보낸다. 동시에 자그마한 일에도 부모에게 불평하고 짜증을 부린 자신의 모습이 주마등처럼 스쳐 가면서 가족에 대한 미안함과 고마움을 느낀다.

부모가 "제발 방 청소 좀 해라!"라고 아무리 말해도 잔소리로만 여기고 귓등으로 흘려버리던 아이들이 이러한 생각의 과정 속에서 자발적으로 반성과 다짐을 하게 된다. 똑같은 내용일지라도 책을 통해 읽게 되면 한번쯤 자신을 돌아보게 된다. 아래 글은 고전을 읽고 쓴 아이의 일기다.

『논어』를 읽었다. 『논어』「학이」편에 "공자께서 말씀하셨다. 젊은이는 집에서 효도하고, 밖에서는 손윗사람을 공경하라. 신실함을 더하고, 모든 사람을 사랑해야 한다. 특히 인품 있는 사람을 가까이하라. 이것을 모두 행하고 여력이 있으면, 그때 비로소 학문을 배우도록 하라"라는 글을 읽고 나 자신이 조금 부끄러웠다. 공부한다는 핑계로 방 청소도 엄마에게 미루고, 어린 동생을 돌보는 일도 '나 몰라라' 뒷전이었다. 공자의 말씀을 듣고 보니 공부보다 효도와 사랑이 먼저인 것 같다.

또한 고전에는 세계 여러 나라의 모습과 문화가 녹아 있어 아이들이 직접 접할 수 없는 세계로 안내한다. 나라의 특수성, 시대적 문제 때문에 생겨난 인간의 고뇌와 경험은 아이로 하여금 깊은 사고를 이끌어 내기에 충분하다.

『안네의 일기』는 독일 프랑크푸르트암마인에서 태어나 네덜란드 암스테르담에서 자란 유대인 소녀 안네 프랑크가 독일 나치스의 박해를 피해 가족들과 은신처에 숨어 지내면서 쓴 일기를 엮은 책이다. 안네는 부모님에게서 생일 선물로 받은 일기장에 '키티'라는 이름을 붙이고 은신처에서의 생활과 자신의 속마음을 털어놓는다. 이 글에는 전쟁에 대한 두려움, 이성 친구에 대한 호기심과 사랑, 부모님과 같이 지내는 사람들과의 갈등이 적혀 있다. 독일 나치스에게 은신처가 발각되면서 안네는 결국 독일 베르겐벨젠 강제수용소로 끌려가 열여섯 짧은 생을 마감한다.

아이들은 『안네의 일기』를 통해 이 책의 시대적 배경인 제2차 세계대전 당시 독일 나치스와 유대인 학살, 그리고 당시 시대상과 사람들의 가치관에 대해 자연스럽게 배우게 된다. 시대를 뛰어넘는 인간에 대한 이해와 사랑은 곧 타인을 이해하고 인류에 봉사하고자 하는 마음으로 이어지기도 한다.

고전 문학은 인간의 마음과 갈등에 대해 살펴보게 하고, 철학 고전은 인생을 어떻게 살 것인지 생각하게 한다. 진실한 삶에 대해 고민하게 하고 건강한 가치관을 심어 주어 아이의 마음을 자라게 한다. "성공하려면 성공한 사람을 만나라."라는 말이 있듯이, 위대한 고전을 탄생시킨 위대한 사람들을 만나는 출발점은 고전이다. 위대한 삶을 살다 간 인물들의 글에 접속하는 순간 그가 지닌 위대한 생각이 아이를 물들인다.

2
장

인성 고전읽기 프로젝트의 결과

인성 고전읽기 이후
아이들이 달라졌다

"오늘의 작은 변화가 아이를 성장시킨다"

:

고전을 읽기 시작한 이후,

아이들의 삶과 태도에서 작지만 의미 있는 변화들이 생겨났다.

이것은 어느 학년이나 마찬가지였다.

저학년 어린 아이들에게도, 머리가 제법 큰 고학년 아이들에게도,

고전은 저마다의 울림을 주었다.

고전의 명성 탓에 드라마틱한 변화를 기대한 분들도 있을 것이다.

이 작은 변화들이 가진 커다란 의미에 주목해 보길 바란다.

책 한 쪽도 버거워하던 아이의
달라진 쉬는 시간

아이들을 처음 만났을 때가 떠오른다. 담임을 맡게 된 3학년 아이들은 정말 감사하게도 심하게 산만하거나 말썽을 피우는 아이가 많지는 않았지만, 늘 어수선하고 부산스러운 느낌이었다. 아침 독서 시간이면 한 책에 집중하지 못하고 학급문고에 들락날락하는 아이, 주위 친구들이나 선생님을 쳐다보며 시간을 보내는 아이가 많았다.

그런데 고전읽기를 하고부터 이런 행동이 눈에 띄게 줄어들었다. 한시도 가만있지 못하고 잠깐 집중하는가 싶으면 곧바로 뒤돌아 친구에게 말을 걸던 아이가 아침 독서 시간이 끝났음을 알리는 종소리도 듣지 못한 채 계속 책에 빠져 있기도 했다. 변화는 이뿐만이 아니었다. 늘 성난 듯 뾰로통하던 아이의 표정이 밝아졌고 반에서 종종 벌어졌던 아이들 간의 소소한 다툼도 현저하게 줄어들었다.

사실 처음부터 아이들이 이러한 변화를 보인 것은 아니다. 고전읽기를 막 시작한 때였다. 영민이는 유독 책 읽기를 힘들어했다.

"선생님! 책 그만 읽어도 돼요?"

"화장실 다녀와도 돼요?"

그 아이는 채 2분도 책에 집중하지 못했다. 키가 커서 맨 뒷줄에 앉아 더욱 눈에 띄었던 영민이는 지루해하며 안절부절못하기 일쑤였다. 그럴 때마다 나는 아이 옆으로 가서 가만히 미소를 보냈다. 독서 습관을 들이려면 초반 인내심이 필요하다. 힘들지라도 책을 붙잡고 있는 시늉이라도 해야 한다.

"영민아! 힘내서 한 쪽만이라도 읽어 보렴."

나는 나지막하게 말했다. 영민이는 할 수 없이 책을 읽기 시작했다. 늘 만화만 읽다가 줄글로 된 책을 읽으려니 힘이 들 만했다.

몇 달이 흘러 겨울방학이 다가올 즈음의 일이었다.

『장 발장』은 제가 제일 재미있게 읽은 책입니다. 『장 발장』은 전과자인데도 불구하고 새로운 인생을 사는 사람의 이야기입니다. 장 발장은 마음이 넓고 인자한 사람이라는 생각이 듭니다. 그래서 계속 읽어도 눈물이 나올 정도로 재밌습니다. 장 발장이 바다에 떨어졌을 때 연극을 한 것이 정말 재미있었습니다. 고전을 매일 읽고 싶습니다.

아이들의 독서록을 검사하다가 영민이 것을 읽은 나는 놀라움을 금치 못했다. "눈물이 나올 정도로 재미있다."라니, 감격스러웠다. 실제로 영민이는 어느 순간부터 거의 날마다 고전을 읽으며 필사를 하거나 고전 일기에 느낀 점을 적어 나가는 모습을 보였다. 나는 아이들에게 고전을 읽고 나면 항상 필사를 하거나 느낀 점이나 자신의 생활에 적용한 사례를 일기로 쓰도록 지도해 왔다. 어떤 아이는 주 2회 쓰는 것도 힘들어하는가 하면 거의 날마다 쓰는 아이도 있었다. 그중 한 명이 영민이었다.

영민이의 변화는 이것만이 아니었다. 고전읽기에 몰두하고부터 생각이 깊어지고 정서적으로 밝고 안정되어 갔다. 무표정하던 얼굴에 생기가 돌고 어딘지 모르게 자신감이 넘쳐 보였다. 꼭 필요한 말만 무뚝뚝하게 던지며 잘 어울리지 못하던 아이가 어느새 친구들과 사이좋게 놀고 있었다.

여기서는 영민이의 사례만을 소개했지만, 많은 아이들이 고전을 접하고 난 뒤 책 읽기의 재미에 빠져들었다.

그 이유가 무엇일까? 나는 미국의 심리학자 미하이 칙센트미하이 교수가 말한 몰입의 개념에서 답을 찾을 수 있었다. 칙센트미하이 교수는 몰입에 대해 이렇게 설명한다.

"우리가 느끼는 시간의 흐름은 시곗바늘이 가지는 객관적인 시간과는 무관하다. 몰입의 경지에 빠져 있을 때는 긴 시간도 아주 짧게 느껴지지만 불안하거나 따분할 때의 시간 감각은 상대적으로 길게 느껴진다."

아이들이 책을 얼마나 재미있게 읽는지는 몰입의 정도를 보면 알 수 있다. 어떤 의무감이나 강요 때문에 책을 읽을 때는 무척 지루해하지만, 자신이 좋아하는 책을 읽을 때는 놀랄 정도로 집중한다. 무엇보다 고전 도서를 읽을 때 몰입의 정도가 눈에 띄게 향상되는 것을 본다. 다른 책을 읽을 때는 집중력이 쉽게 흐트러지고, 주위의 작은 자극에도 영향을 받아 독서에 몰입하기 힘들어한다. 하지만 고전 도서를 읽는 반 아이들은 몰입을 잘해서 자연스럽게 책 읽는 분위기가 형성된다. 몰입을 잘한다는 것은 그만큼 고전 도서가 다른 어떤 책들보다 아이들에게 주는 기쁨과 행복이 크다는 의미다. 이는 고전이 전하는 재미가 색다르다는 것을 나타낸다.

함께 고전읽기를 했던 5학년 담임 교사는 이런 이야기를 하기도 했다.

"고전은 재미없고 딱딱해서 아이들이 읽기 힘들 거라고 생각했어요. 솔직히 우리 반 아이들이 고전 도서를 잘 읽을 수 있을지 걱정스러웠지요. 그런데 정말 놀랐어요. 좀처럼 책을 읽으려 하지 않고, 교사인 제가 잔소리를 해야 그나마 읽는 시늉을 하던 아이들이 고전읽기를 할 때는 정말 집중해서 읽더라고요. 다른 반 아이들에게도 고전 도서를 읽히면 좋겠어요."

나 역시 처음 처음에는 많은 걱정을 했었다. 그러나 정작 시작한 뒤에는 한 번도 후회한 적이 없다. 오히려 책 읽기의 재미에 점점 빠져드는 아이들의 모습을 보면서 엄청난 보람을 느꼈다. 쉬는 시간만 되면 장난을 치거나 친구들 놀리기에 여념이 없던 아이들이 이제는 시간을 쪼개 책을 읽는다. 정해진 시간이 아닌데도 고전 도서를 읽고 있는 아이들을 볼 때면 고전의 위대함을 절감한다. 고전의 재미와 감동을 느껴 본 아이들은 앞으로도 고전을 가까이하며 자랄 것이다.

이지성 작가는 『생각하는 인문학』에서 우리나라 사람들은 연평균 커피 330잔, 맥주 120병, 소주 90병을 마시며, 하루에 세 시간 이상 스마트폰을 사용하고 텔레비전을 시청한다고 말했다. 그러나 책은 1년에 단 한 권도 읽지 않는 사람들이 수두룩하다. 초등 저학년 때까지만 해도 하루에 몇 권씩 읽던 아이들이 자랄수록 점차 책을 멀리한다. 그 이유는 무엇일까? 학년이 올라갈수록 학업이 바빠지기 때문이기도 하겠지만, 근본적인 원인은 책 읽기의 재미를 느끼지 못해서가 아닐까 싶다. 고전읽기를 시작해 보자. 고전을 통해 책 읽기의 재미를 알게 된 아이라면 평생 책 읽는 사람이 될 것이다.

나밖에 모르던 아이가
다른 사람의 입장을 헤아리다

한 아이가 쓴 고전 일기를 먼저 소개하고자 한다.

『명심보감』을 읽었다. 나는 86쪽의 "아이를 사랑하거든 매를 많이 때려 주고 아이를 미워하거든 먹을 것을 많이 줘라." 라는 문장이 제일 마음에 와 닿았다. 왜냐하면 부모님께서 동생들만 좋아하시는 줄만 알았는데, 선생님께서 추천해 주신 『명심보감』을 읽고 나도 사랑해 주신다는 것을 깨닫게 되었다.

요즘 우리 가족은 자기 전에 항상 고전 도서를 읽는 습관이 생겼다. 평소에는 가족과의 대화가 많이 없었는데 고전읽기를 시작한 이후 책에 대

해 느낀 점을 이야기하다 보니 대화가 많아지고 가족 간에 서로를 이해
하는 마음이 생겼다. 기쁘다.

  고전 도서를 읽으면서 아이들의 생각에 많은 변화가 일어났다. 이 글을
쓴 아이는 평소 동생만 편애하는 듯한 부모님에게 서운함을 느꼈나 보다.
이런 마음을 책이 다독여 준 듯하다. 언제나 부모에게 사랑과 관심을 받고
싶어 하는 아이의 마음을 엿볼 수 있다.

  겨울 방학이 가까워질 무렵인 12월, 나는 매월 같은 책의 고전을 다 같
이 읽던 방식을 바꿔 이번 달은 저마다 읽고 싶은 도서를 자유롭게 골라
읽게 했다. 그러자 은혁이는 아빠가 읽으시던 책이라며 『논어』를 선택했
다. 평소에도 은혁이는 제법 어려운 고전 도서를 읽곤 했다. 고전읽기를
처음 시작했을 때에는 추천 도서 10권을 한꺼번에 가져와 책상 위에 쌓아
놓는 모습을 보고 깜짝 놀라기도 했었다.

  "우아! 은혁이가 『논어』를 읽어? 어렵지 않니?"

  "예, 어렵긴 해요. 그런데 모르는 문장은 아빠가 설명해 주시기도 하고
요. 그냥 넘어가는 글도 많은데 제가 이해할 수 있는 글도 있어요."

  나는 부쩍 책을 재미있어하는 은혁이의 머리를 쓰다듬어 주곤 했다. 은
혁이는 아침 독서 시간 외에도 틈만 나면 『논어』를 읽곤 했는데, 가끔 소리
내어 읽을 때도 있었다. 그러던 어느 쉬는 시간에 아이들 옆을 지나가다
우연히 대화를 듣게 되었다.

  "아, 진짜 내 동생 때문에 짜증 나 죽겠어! 말을 하나도 안 들어! 네 동생

은 네 말 잘 듣냐?"

"응. 그런데 네 동생에게 무슨 심부름을 시키는데?"

"어, 라면 없으면 라면 사오라든지, 아니면 같이 놀고 난 다음 방 청소라든지, 그런 잔심부름 있잖아."

"여기 『논어』에 이런 말이 있어. '자기가 원하지 않는 것을 다른 사람에게 행하지 마라.' 네가 하기 싫다고 남에게 시키면 안 돼."

"그 책에 그런 말이 있어? 동생이니까 내가 하기 싫은 일은 막 시켜도 된다고 생각했는데?"

"네가 하기 싫은 건 동생도 하기 싫잖아."

"그럴 수도 있겠네."

3학년 아이답지 않은 대화에 나는 정말 놀라고 말았다. 자신이 아무 생각 없이 한 행동이 누군가에게 피해가 될 수도 있다는 사실을 깨달았다니 참으로 기특했다. 일상생활 중에 자신이 읽은 고전을 떠올려 이렇듯 자신의 삶에 적용하여 이야기를 나누다니 그만큼 감동과 깨달음이 깊었다는 뜻일 것이다. 사실 초등 중학년은 자신의 정체성을 확인하고 세계가 넓어지는 시기다. 마냥 어리기만 한 나이가 아닌 것이다. 어떤 아이는 제법 어른처럼 의젓한 생각을 하기도 한다. 그러나 대충 줄거리만 파악하거나 흥미 있는 부분만 골라 읽는 독서로는 이러한 생각을 유도하기 어려울 것이다.

작은 사고의 변화가 결국 아이를 변화시킨다

물론 시간이 지나도 고전읽기가 힘들다고 말하는 아이들도 있다. 아무래도 다른 책에 비해 글의 양이 월등히 많고 내용을 짚어 가며 읽어야 하니 어렵게 느껴질 수 있다. 그러나 그러한 아이들은 굳이 고전 도서가 아니더라도 책 읽기 자체를 어려워하는 경우가 대부분이다. 그러니 아이가 힘들어한다고 바로 포기하기보다 꾸준히 실천해 보자.

다음은 『유배지에서 보낸 정약용의 편지』를 읽고 쓴 아이의 글이다.

내가 처음 이 책을 펼쳐 보았을 때는 걱정이 앞섰다. 선생님께서 정약용은 뛰어난 학자이며 개혁가인데 이 책은 모함을 받은 그가 유배지인 강진에서 쓴 편지라고 말씀해 주셨다.

5학년 때 우리나라 역사에 대해 배우는데 매우 어렵게 느껴져서 이 책도 읽기가 쉽지는 않았다. 그런데 읽고 필사하고 느낀 점을 친구들 앞에 발표하면서 무엇인가 생각이 깊어짐을 느꼈다. 특히 정약용이 아들에게 폐족을 면치 않으려면 독서에 매진하라는 편지가 마음에 와 닿았다. 전에는 읽기만 하고 필사를 하지 않았는데 필사를 하면서 나의 내면에 깊은 꿈틀거림이 일어났다. 언제 시간이 갔는지 모르게 집중할 때가 많아 신기하다. 나는 이제부터 고전을 많이 읽고 싶다.

초등학교에서 주는 상 중에 다독상이 있다. 1년 또는 한 학기 동안 책을 가장 많이 읽은 아이에게 주는 상이다. 많이 읽으려면 속독이 불가피하다. 책을 많이 읽는 것이 꼭 나쁜 것은 아니다. 하지만 많이 읽는 것이 목적이 된 독서는 주객이 전도되었다고 할 수 있다. 아이가 책을 읽으며 무엇을 느끼고 어떤 감동을 받았는지는 중요해지지 않기 때문이다.

실제로 다독상을 선정할 때 중요한 건 읽은 책의 권수다. 그 책이 50쪽이든, 아니면 말풍선 몇 개로 구성된 만화책이든 상관없다. 그러다 보니 권수를 채워 상을 받으려고 고학년 학생이 그림이 많은 동화책을 연속해서 읽기도 한다. 사실 몇 권 읽었다는 숫자에 연연할 필요가 없다. 읽은 권수가 중요하다면 1학년이 읽을 만한 동화책으로 하루에 열 권도 더 읽을 수 있으니 말이다.

이런 방식으로 책을 읽는 것은 줄거리나 정보 습득 위주의 독서, 이른바 '영혼 없는 독서'를 하는 셈이다. 영혼 없는 독서란 깊이가 없는 독서라고 할 수 있다. 깊이 있게 읽는다는 것은 단지 '재미를 느낀다' '집중한다'라는 의미가 아니다. 그 책을 쓴 저자의 마음을 헤아리고 내 생각과 비교해 보는 등 대화를 해 나가는 것이다.

아이들이 고전을 읽고 어떻게 이런 경지에 오를 수 있을까? 어른과 아이의 깊이를 비교해서는 안 된다. 오랜 독서가와 초보 독서가의 깊이도 다르다. 아이들이 접하는 고전의 깊이는 능숙한 독서가인 어른의 그것과 비교하면 턱없이 얕을 것이다. 그러나 한 방울이 바위를 뚫듯이 작은 사고의 변화가 아이의 삶 속에서 하나하나 나타나는 사이 결국엔 아이를 변화시킨다. 아이가 변하는 것은 '기적' 같은 큰일이 아니라 '작은 깨달음'에서 비롯되는 것이다.

고전은 아이로 하여금 깊은 생각을 하게 한다. 깊은 생각은 행동을 변화시키고 미래를 결정하는 원동력이 된다. 동기부여 연설가 찰스 존스는 "두 가지에서 영향을 받지 않는다면 우리 인생은 5년이 지나도 지금과 똑같을 것이다. 그 두 가지란 우리가 만나는 사람과 읽는 책이다."라고 말했다. 조금 힘들지라도 아이가 지금 읽고 있는 고전 도서가 아이의 앞으로 삶을 긍정적으로 바꾸어 줄 것이다.

욕을 일삼던 아이들이
언어의 아름다움을 깨닫다

알퐁스 도데의 「별」은 한 목동이 주인집 아가씨에게 느끼는 순수한 사랑의 감정을 프로방스의 아름다운 자연을 배경으로 서정적이고 잔잔하게 그려 내 오랫동안 사랑받아 온 고전이다. 이 작품을 비롯해 알퐁스 도데의 대표적 단편 소설들을 모아 엮은, 같은 제목의 단편집 『별』이 국내에도 많이 출판되어 있다. 이 책은 초등 아이가 읽을 만한 수준의 고전 도서라 교실의 내 책꽂이에도 한 권 꽂아 두었다.

어느 날 미선이가 집에서 책을 한 권 가져와 나에게 자랑했다. 엄마가 읽고 있는 책인데 표지를 보고 반가운 마음에 가져왔다며 내보인 그 책은 바로 내 책꽂이에 있는 『별』(인디북)이었다. 그 뒤 틈틈이 그 책을 읽고 있는 아이의 모습이 눈에 띄었다. 하루는 쉬는 시간에 미선이가 책을 손에 꼭 쥐고 다가와서는 나에게 속삭이듯 말했다.

"선생님! 저 이 책 다 읽었는데 너무나 아름다워요. 선생님도 읽어 보셨어요?"

미선이의 얼굴은 그 어느 때보다 밝고 화사했다. 내가 중학교 때였던가? 그때 「별」이란 글을 읽고 아름다운 문장들에 깊이 감동했던 기억이 새삼 떠올랐다. 난 미선이의 말을 듣고서야 새로 산 그대로 꽂아 놓았던 책을 꺼내 펼쳐 보았다.

아가씨는 아침이 되어 떠오르는 태양의 빛으로 하늘의 별들이 희미하게 빛을 잃을 때까지 꼼짝도 하지 않고 그대로 있었습니다. 나는 마음속으로 약간 두근거렸지만, 아름다운 생각만을 하게 해준 맑은 밤의 보호를 받아, 잠들어 있는 아가씨의 모습을 지켜볼 수 있었습니다. 우리 주위에는 총총한 별들이 헤아릴 수 없는 양 떼처럼 말없이 조용한 운행을 계속하고 있었습니다. 나의 머릿속엔 몇 번이나 이런 생각이 스쳐 지나갔습니다.

'저 많은 별 가운데 가장 아름답고 가장 찬란한 별 하나가 그만 길을 잃고 내 어깨에 기대어 잠들어 있구나……'

미선이는 섬세하고 풍부한 감성이 고스란히 녹아 있는 이 문장들을 읽으면서 어떠한 마음을 품었을까?

독일의 문호文豪 마르틴 발저가 "사람은 자기가 읽은 것으로 이루어진다."라고 말했듯이 아름다운 글을 읽은 아이는 그 마음과 생각도 아름답게 변해 간다. 고전을 읽으면서 이를 실감할 때가 많다.

아이들은 욕을 많이 한다. 참으로 난감한 일이다. 친구를 기분 나쁘게 만들려고 작정하고 사용하는 것이 아니라 그냥 아무 때나 욕이 저절로 나온다. 입버릇처럼 욕이 일상화되어서 욕을 쓰지 않고서는 말을 할 수 없다는 아이도 있다. '언어 순화'를 부르짖고는 있지만 아이들을 둘러싼 환경이 바뀌지 않는 한 쉽게 고쳐지지 않을 듯싶다.

욕이 나쁘다는 것을 모르는 아이는 없을 터다. 하지만 굳이 사용하지 말아야 할 이유도 깨닫지 못한다. 친구들도 모두 당연하게 욕을 섞어 말하고 있는 데다 욕을 하지 않으면 왠지 약해 보이는 것 같기 때문이다. 그러니 욕을 하지 말라고 아무리 주의를 주어도 아이들의 행동은 달라지지 않는다. 하지만 이런 아이들도 「별」처럼 서정적이고 아름다운 문체를 계속 접하다 보면 언어가 주는 아름다움에 감탄한다. 그리고 자신도 모르는 사이 언어 사용에 주의를 기울이게 된다. 감수성이 발달하고 따뜻한 정서를 지니게 된다.

흔히들 "한창 자라나는 아이는 순수한 하얀 도화지와 같다."라고 말한다. 부모가 할 일은 그 도화지에 어떤 그림을 그릴지 정해 주는 것이 아니라, 아이가 다양한 그림을 펼쳐 보일 수 있도록 다채로운 색깔을 건네주는 것이다. 아름다운 고전 도서들이야말로 아이의 마음을 울리고 인생을 다채롭게 해줄 무지갯빛 색깔이다.

따돌림 당하던 아이에게
희망과 위로를 주다

고전에는 다양한 인물들이 등장하며, 저마다 관계를 형성하고 있다. 아이는 그들의 대화와 감정 변화를 읽으며 인간 세상을 배운다. '아, 다른 사람도 나처럼 이렇게 느끼는구나.' '나만 이렇게 생각하는 것이 아니구나.' 등을 느끼는 것이다. 그러면서 사회생활을 해 나가는 데 기본이 되는, 다른 사람을 이해하고 배려하는 마음을 품는다.

『장 발장』을 읽었는데 정말 재미있었다. 나는 장발장이 배고픈 조카들을 위해 빵을 훔치다 감옥살이를 할 때 정말 불쌍했다. 세 번이나 탈출하다 붙잡혀 다시 감옥에 갇혀 지낼 때 얼마나 답답했을까? 나는 친구들

이 다문화라고 놀릴 때나 부모님이 저녁 늦게 오셔 혼자 있을 때 힘들다
고 생각했는데 장 발장을 보니 나는 그래도 견딜 만하다고 생각했다.
　　장 발장은 빵을 훔쳐 먹고 도망친 전과자인데도 불구하고 새로운 인생
을 사는 사람이다. 그가 비록 빵을 훔친 사람이지만 마음이 넓고 인자한
사람이라는 것을 깨닫게 되었다. 그는 자신이 사랑하고 아끼는 코제트를
위해 마지막까지 최선을 다했다. 장 발장처럼 다른 사람을 위해 무엇인
가 도움이 되는 훌륭한 사람이 되려면 어떻게 해야 할까?

『장 발장』을 읽고 쓴 일기다. 이 글을 쓴 영석이는 어머니가 조선족인 다
문화 가정의 아이로, 친구 관계에는 다소 소극적이었지만 공부만큼은 아
주 잘했다. 영석이는 『장 발장』을 읽으면서 주인공 장 발장을 자신과 동일
시하며 위안을 얻었다. 파란만장한 삶을 헤쳐 나가는 장 발장과 함께 울고
웃으며 답을 찾아 나간 것이다.

장 발장은 일곱 명이나 되는 조카들을 먹여 살리기 위해 빵 한 조각을
훔친 죄로 5년 징역형을 선고받는다. 하지만 끊임없는 탈옥 시도로 결
국 19년이나 감옥에 갇혀 있게 된다. 마침내 감옥에서 나온 장 발장은
갈 곳 없는 자신을 재워 준 성당에서 은촛대를 훔치다 들키지만, 미리
엘 신부는 그를 용서해 준다. 이를 계기로 장 발장은 사회를 향한 복수
심을 버리고 새로운 삶을 살기로 마음먹는다.

영석이는 이 부분에서 유난히 큰 감동을 받았던 모양이다. 아무리 죄를 지었대도 사람을 미워하지 않고 사랑을 실천한 미리엘 신부가 있었기에 장 발장이 자신의 잘못을 뉘우치고 새로운 인생을 살게 된 것이라고 아이는 믿었다. 친구들 사이에서 부당함을 느끼고 늘 혼자라는 생각에 외로움을 느꼈던 영석이는 장 발장에게 마음 깊이 동질감을 느꼈다. 그리고 친구들을 미워하기보다 미리엘 신부처럼 자신을 사랑해 주는 부모(교사)라는 존재가 있다는 사실을 새삼 깨닫고 용기와 희망을 가지는 듯했다. 누구도 온전히 어루만져 주지 못했던 아이의 마음을 한 권의 고전이 다독거려 변화를 일으킨 것이다.

인성 고전읽기를 실천한 또 다른 학교 이야기

초등 시기의 고전읽기 습관은 감정 조절이나 정서 발달에 매우 긍정적인 영향을 끼친다. 사실 마음이란 겉으로 드러나는 것이 아닌지라 자칫 놓치기 쉬우며 당장 급해 보이는 공부에 밀리는 경향이 있다. 하지만 공부를 잘하기 위해서라도 아이의 마음을 먼저 챙기고 키워 줘야 한다는 것을 지금까지 이 책을 읽은 부모라면 충분히 알 것이다.

2014년 11월 《한국교육신문》에 "버릇없는 학생 '0'…, 고전에 답 있죠"라는 제목의 기사가 실렸다. 고전으로 인성 교육을 하는 안동 복주초등학교의 사례를 발표했는데, '매일 10분 『명심보감』·『논어』 읽기, 스스로 마음 다스리는 법 깨쳐'라는 제하題下가 눈길을 끌었다.

"하루라도 착한 일을 생각하지 않으면 온갖 나쁜 일이 저절로 생겨난다." "장자 왈, 일일불념선一日不念善이면 제악諸惡이 개자기皆自起니라."

이 학교는 날마다 아침 8시 30분이면 글 읽는 소리로 가득 찬다. 6학년 생은 모두 중국 고전에 나오는 선현들의 금언金言과 명구名句를 모아 엮은 책인『명심보감』의 한 구절을 짝꿍과 주거니 받거니 읽어 내려간다. 한자가 익숙하지 않은 학생은 우리말 뜻풀이를, 한자 공부에 욕심이 있는 학생은 구절을 통째로 외운다. 평생 마음속에 담아 두고 싶은 내용을 골라 친구에게 설명해 주기도 한다.『명심보감』을 다 떼면『논어』를 읽는다.

이 고전읽기 운동을 진행한 권기매 수석 교사에 따르면, "하루 10분이면 충분히 읽을 수 있는 분량을 종이에 정리해 매주 나눠 줬다. 한자에 거부 감을 느끼지 않도록 한자 음과 뜻풀이를 모두 담아 학생의 수준과 흥미에 따라 선택할 수 있도록 한 게 주효했다."라고 설명했다.

'매일 아침『명심보감』·『논어』읽기'와 함께 창의적 체험 활동 시간에는 '독서 토론'도 실시했다. 이 시간에는 책 읽기에 흥미 없는 학생을 배려해 교사가 직접 책을 읽어 주었다. 토론은 기억에 남는 내용과 느낀 점, 생각 등을 두서없이 이야기하는 방법으로 진행되었다. 토론 활동은 곧 학생들에게 인기를 끌었고, 2학기부터 희망 학생을 대상으로 방과 후 토론 모임을 운영하고 있다.

이후 교사들의 노력은 자그마한 열매를 맺기 시작했다.『명심보감』구절을 떠올리며 자신의 잘못된 행동을 스스로 반성하는 학생이 있는가 하면, 친구와 대화할 때 상처 주는 말을 하지 않으려고 노력하는 학생도 생겨났다. 학생들은 "『명심보감』을 읽고 난 뒤부터 말과 행동에 신경 쓰게 됐다.

생각이 맑아지는 느낌이다." "기억에 남는 구절에 밑줄을 긋고 외우면서 꿈을 이루려면 반드시 이것들을 지켜야겠다는 생각이 들었다. 꿈에 한 걸음 다가간 것 같다."라고 소감을 전했다. 이 학교 교사들은 "『명심보감』을 읽은 덕분인지 버릇없이 행동하는 아이들이 크게 줄었다. 특히 욕을 사용하는 빈도가 감소했다."라고 밝히며 고전이 인성에 끼치는 효과에 놀라워했다.

이렇듯 고전은 어떠한 것이 올바른 행동인지, 어떤 마음으로 살아야 하는지를 자연스럽게 가르쳐 준다. 풍부한 감정과 바른 인성을 가지고 자란 아이는 행복하게 사는 법을 발견한 것이나 마찬가지가 아닐까.

초등 시기는 무엇보다 아이의 마음 교육, 즉 인성 교육에 주목해야 할 때다. 그러나 교사가 일주일에 한 시간뿐인 도덕 시간에 아이의 인성을 바로 세우기에는 역부족이다. 과도한 학급 업무와 공문 처리로 아이들과 마음을 나눌 시간도 마땅치 않은 게 현실이다. 무엇보다 올바른 예의범절과 배려하는 마음을 가르치는 것도 중요하지만, 이를 스스로 터득할 때 더 많은 긍정적인 결과를 기대할 수 있는 법이다. 무엇을 어떻게 받아들일지는 말로 배우는 것보다 글을 읽고 필사하고 토론하는 과정, 즉 오감을 통해 스스로 깨우칠 때 가장 효과적이다.

아이들에게
삶의 목표가 생기다

요즘 아이들은 꿈이 없다. "꿈이 무엇이니?"라고 물으면 돌아오는 대답은 비슷비슷하다.

"잘 모르겠어요."

"엄마가 공무원 하래요."

"아직 생각 안 해 봤는데요."

아이들의 꿈은 보는 만큼, 느끼는 만큼, 경험하는 만큼 자란다. 하지만 요즘 아이들은 보고 느끼고 경험할 시간과 여력이 없다. 이런 이야기를 하면 많은 학부모가 반박한다. 방학이면 안 시키는 체험이 없고, 주말마다 미술관이며 박물관이며 안 다니는 데가 없다고 말이다. 부모들의 이러한 노력을 모르는 것은 아니다. 다만 이러한 경험들의 주체가 누구인지 묻고 싶다. 보고 느끼고 경험하는 주체가 온전히 아이일 때 그 경험은 꿈의 자양분이 되는 것이다. 예를 들어 방학이면 해외로 어학연수를 다녀오는 아이들이 있다. 개학식 날, 까맣게 그을린 아이를 향해 "재미있었어? 네이티브 발음 좀 들어 볼까?" 하고 말을 건네면 '설마 늘었겠냐는' 표정을 짓는다. 주체인 아이가 빠진 경험인 것이다.

지금까지 25년이 넘는 기간 동안 아이들을 가르쳤지만 한 번도 똑같은 아이를 본 적이 없다. 늘 친구들을 배려하는 아이, 예의 바른 장난꾸러기, 사고뭉치 악동, 공부는 다소 부족해도 늘 자신감이 가득한 아이 등등, 생김새도 성격도 저마다 다르다. 그런데 이렇게 다른 아이들이 꾸는 꿈들은 판에 박은 듯 엇비슷하거나 아예 꿈이 없는 경우가 허다하다. 날마다 학교와 학원을 다람쥐 쳇바퀴 돌듯 오가며 서로 비슷한 하루하루를 보내는 사이, 꿈과 삶의 목표를 잃거나 혹은 같아진 것이다.

기껏 목표가 있다는 아이도 시험을 잘 보는 것이 꿈이고, 그 이유는 "부모님의 성화에 못 이겨서"라고 대답한다. 아이들은 자신의 인생을 들여다볼 방법을 찾지도, 그럴 필요를 느끼지도 못한다. 그러나 고전을 접한 아이는 눈빛부터 달라진다. 무엇이 되어야겠다는 뚜렷한 목표를 발견하거나 적어도 어떻게 살아야겠다는 방향키를 잡는다.

꿈을 찾기 위해서는 다양한 경험 중에서도 만남이 중요하다. 하지만 아이들이 자라면서 만나는 사람은 한정되어 있다. 가깝게는 가족, 친척, 친구, 학교나 학원 선생님, 이웃이고, 그 밖에는 병원 의사 선생님, 마트의 점원 정도다. 아이 주위에 훌륭한 사람이 있어서 그 사람에게서 꿈을 찾고 삶의 방향을 찾을 수 있다면 가장 좋겠지만 현실은 그렇지 않다. 그렇다면 아이들이 훌륭한 사람과 만날 수 있는 가장 쉬운 방법은 무엇일까? 바로 독서다.

대문호 톨스토이와 관련한 일화를 하나 살펴보자.

어느 날 톨스토이에게 한 청년이 찾아와 물었다.

"작가님, 저는 제 인생을 송두리째 바꾸고 싶습니다. 어떻게 해야 할까요?"

"위대한 사람을 만나십시오."

"제 주위에는 위대한 사람이 없는데 어떻게 하죠?"

톨스토이는 조금도 주저하지 않고 청년에게 대답했다.

"그렇다면 위대한 책을 만나십시오. 그것이 당신의 인생을 송두리째 바꾸어 줄 것입니다."

책이 한 사람의 인생을 변화시킨 예는 셀 수 없이 많다. "어느 날 한 권의 책을 읽었다. 그리고 나의 인생은 송두리째 바뀌었다."라는 오르한 파묵의 글귀를 굳이 인용하지 않더라도 위대한 책 한 권의 힘은 말로 다 설명할 수 없을 정도다.

장 앙리 파브르가 위대한 곤충학자가 될 수 있었던 것도 『시턴 동물기』라는 책이 계기가 되었고, 에이브러햄 링컨은 『톰 아저씨의 오두막』을 읽고 노예 해방을 꿈꾸었다. 미국의 정치인 힐러리 클린턴 역시 『작은 아씨들』에 나오는 둘째 딸 조를 인생의 롤모델로 삼았다고 한다. 이처럼 위대한 작가들의 작품을 읽으면 그 꿈을 닮아 가게 된다.

나는 처음으로 고전을 읽었는데 바로 『톰 소여의 모험』이다. 이 책은 톰과 허크의 모험을 담은 내용인데 너무 재미있었다. 나는 지난여름에 부모님이 문경에 탁구 시합을 갔을 때 동생이랑 둘이 있었다. 저녁에 엄마가 보고 싶어 울었는데 이 글을 읽고 나니 조금 부끄러웠다.

톰 소여는 일찍이 부모를 여의고 이모와 함께 살고 있지만 매우 명랑하고 모험심이 강하다. 톰과 허크가 숨겨진 보물을 찾으러 한밤중에 유령이 나타난다는 숲 속에 가는 장면은 숨이 막혔다. 나는 인디언 조가 아래층에서 칼을 들고 톰과 허크가 있는 이 층으로 올라가려고 할 때 가슴이 철렁했다.

톰 소여는 장난꾸러기였지만 나도 언젠가는 톰 소여처럼 멋진 모험을 즐기고 사람들에게 사랑받는 사람이 되고 싶다.

평소 부끄럼을 많이 타고 소심했던 승우는 톰 소여가 부러웠던 모양이다. 한동안 승우는 톰 소여처럼 많은 사람에게 사랑을 받으며 넓은 세상에서 여행과 모험을 즐기는 사람이 되고 싶다는 말을 일기며 독후록이며 여기저기에 남겼다. 그리고 정말로 조금씩 용감하게 행동하려는 모습을 보였다.

고전에서 아이들이 꿈을 찾고 멘토를 발견할 수 있는 이유는 무엇일까? 그 이유는 수십 년에서 수 세기의 세월이 흐르는 동안 꾸준히 살아남은 고전에는 그만큼 시대를 뛰어넘는 감동이 서려 있기 때문이다. 그러한 감동은 아이들의 마음을 움직이고 꿈을 향한 기지개를 켜게 한다.

그렇다면 꿈을 발견하고 인생의 멘토를 만나는 것과 인성 교육은 서로 어떤 연관이 있을까? 인성이 뿌리라면 꿈은 아름다운 꽃과 열매를 맺도록 나무의 통로가 되어 뿌리와 연결해 주는 줄기와 같다. 인성이 올바른 아이는 어떤 꿈을 꾸더라도 풍성한 꽃과 열매를 맺을 수 있다. 인성과 꿈, 이 둘 사이를 잇는 매개가 되는 것이 바로 고전이다.

건강한 인간관계의
초석을 쌓다

지구 반대편에 사는 친구도 사귈 수 있을 만큼 인터넷 소통 수단이 발달한 시대다. 아이들은 하루 종일 스마트폰 속의 다양한 친구들과 대화하기 바쁘다. 그런데 관계의 수단은 많아진 데 반해 수많은 연구 결과들은 아이들의 공감 능력과 사회성이 떨어지는 현상을 우려하고 이로 인해 발생하는 다양한 사회적 문제들을 지적하고 있다.

충북지방경찰청에서 '카카오톡 왕따' 현상에 대한 10대들의 생각을 조사했다. 그 결과 "여럿이서 한 명을 괴롭히면 괜히 우쭐해져요." "괴롭힘 당한 애가 울면서 학생부에 가겠다고 하기에 '장난친 건데 장난도 모르니'라며 달래고 말았어요." 등의 답변이 나왔다. 아이들의 공감 능력이 줄어들고 있는 현실을 그대로 보여 주는 결과라고 할 수 있다.

초등 중학년은 공감 능력과 자아가 자라는 시기로 또래 문화가 발달하는 만큼 공감 능력에 주의를 기울여야 한다. 친구와 좋은 관계를 맺으려면 다른 사람의 마음과 입장을 이해할 수 있어야 한다. 이 사회에 꼭 나와 맞거나 내가 좋아하는 사람만 존재하는 것이 아니라는 사실을 알아야 한다. 친구 관계를 비롯한 모든 인간관계의 전제 조건은 공감과 소통이라고 해도 과언이 아니다.

고전읽기를 하면서 많은 긍정적 변화를 확인했는데, 공감 능력 역시 그중 하나였다. 실제로 『안네의 일기』를 반 아이들과 읽었을 때는 모두들 자신이 겪고 있는 일인 것처럼 안타까워했다. 나중에 강제수용소에서 안네가 죽고 말았다는 결말을 읽을 때는 "아휴!"라는 탄식이 일제히 터져 나올 정도였다.

아이들은 이야기를 좋아한다. 고전은 튼튼하고 견고한 이야기로 지금까지 사랑받고 있는 책이다. 그만큼 아이들은 고전 속 등장인물들에게 깊이 공감하는 모습을 보인다. 자신과 비교해 보기도 하고, 행동의 옳고 그름을 따져 보기도 한다.

> 홍당무에게
>
> 안녕! 난 지후라고 해. 밤중에 닭장 문을 닫으러 갈 때 얼마나 무서웠니? 나는 밤에 집 안의 화장실도 혼자 못 가서 꼭 엄마를 깨우거든. 형과 누나도 있는데 너의 가족이 불공평하다는 생각이 들어.
>
> 너의 엄마 르피크 부인은 너무 냉정하시구나. 마음속으로는 아들을 사

랑할는지 몰라도. 네가 너무 착해서 표현도 못하고 당하는 것 같아서 나도 무척 속상했어. 나도 형이 심부름 시킬 때 하기 싫어도 억지로 할 때가 많았거든.

그런데 네가 결국 아빠에게 마음을 털어놓는 것을 보면서 참 다행이라고 생각했어. 그래도 아빠는 너를 이해해 주는 것 같구나. 네가 아빠에게 "홍당무라는 애는 심각하게 화낼 줄도 모르는 아이. 가만 내버려 두면 뾰로통했다가도 제풀에 잠잠해지는 아이. 그래서 신경 쓰지 않아도 되는 아이. 그래서 아빠의 그 말은 기분이 아주 나빠요. 저도 마음속에서 불같이 화가 날 때가 있다고요." 라고 말할 때 내 마음도 무척 시원했어.

엄마에 대해 체념하고 받아들이라고 하는 아빠가 조금은 못마땅해도 너의 속마음을 털어놓아서 얼마나 다행이니? 그래도 엄마에게 '마귀 엄마' 라고 한 것은 좀 지나친 것 같아.

홍당무야, 그래도 엄마가 무뚝뚝해도 너를 사랑하는 것 같아. 힘내.

언제나 널 응원하는 지후가

항상 "참 재미있었다."로 독서록을 채우던 아이였는데, 『홍당무』를 읽고는 이렇게 편지 형식으로 써서 내는 정성을 기울였다. 그 정도로 감동이 컸던 모양이다. 아이의 글을 보면 주인공인 자신이 홍당무가 된 것처럼 함께 속상해하고 기뻐하고 있음을 알 수 있다.

유독 고전을 읽고 난 뒤면 아이들은 책과 관련해서 이야기를 나누고 싶어 했다. "자베르 때문에 정말 화가 나요. 장 발장 좀 내버려 두지!" "저라면 홍당무처럼 못 할 것 같아요. 너무 가슴 아파요." 일기 곳곳에 고전 속 인물에 대한 감정을 풀어 놓는다. 고전을 읽은 뒤 아이들의 독서 토론이 활발해지는 것도 이 때문일 것이다.

아이들은 고전을 통해 다양한 모습의 등장인물들이 어떤 행동을 선택하기까지 이루어지는 고민들, 그리고 그들이 선택한 행동이 가져온 결과를 자연스럽게 함께하게 된다. 이로써 자신의 생각을 어떻게 표현해야 하는지 알게 되고 꼭 알맞은 행동 양식을 발견하게 된다. 다른 사람과 건강한 소통을 이룰 수 있게 된다.

공감 능력이 높은 아이는 집중력이 좋아 학업 성적도 우수하다. 더욱이 공감 능력은 리더의 필수 조건으로, 상대의 감정을 잘 읽어 내고 공감할수록 상대를 설득하여 움직이는 힘 또한 강해진다.

물론 책 한 권을 읽는다고 커다란 변화가 금세 나타나는 것은 아니지만 자신과 남을 이해하고 나면 인간관계가 훨씬 쉬워지고 행복해진다. 고전 문학은 아이들이 가장 좋아하는 분야인 동시에 공감과 소통 능력을 길러 주는 가장 최적의 수단인 것이다.

고전은 아이의 마음에 주는 영양제다. 영양이 결핍되면 아픈 곳이 생기거나 에너지가 떨어지게 된다. 다른 사람의 마음에 공감하지 못하거나 소통 능력이 부족한 아이는 성인이 되어서도 사회생활을 원만하게 해 나가기 어렵다. 고전을 통해 수많은 사람을 만남으로써 아이는 생각의 폭이 넓어지고 합리적인 사람으로 성장한다.

아이의 타고난 두뇌를 향상시켜
성적이 오르다

미국의 아동발달학과 매리언 울프 교수는 『책 읽는 뇌』에서 "독서가 뇌에 가장 훌륭한 음식인 이유는 풍성한 자극원이기 때문"이라고 했다. 글자를 이해하고 상징을 해석하는 측두엽, 상황을 파악하고 활자를 시각으로 상상하는 전두엽, 감정을 느끼고 표상하는 변연계 등 독서의 흔적이 남지 않는 뇌 영역은 거의 없다는 것이다. 매리언 울프는 또한 독서는 선천적인 능력이 아니라 불과 수천 년 전에 발명한 것이며, 그러한 독서가 인간의 인지 발달을 바꾸어 놓았다고 피력하고 있다. 독서는 인류 역사상 최고의 발명품이며 독서를 하는 동안 자의식을 버리고 다른 사람, 다른 시대, 다른 문화의 의식으로 넘어가는 현상이 발생한다고 언급했다.

매리언 울프가 '독서는 인간의 발명품'이라고 말한 것처럼 '스마트폰도 인간의 발명품'이다. 그러나 스마트폰이나 텔레비전, 컴퓨터 같은 디지털 기기에 인간의 뇌가 장시간 노출되면 책을 읽을 때와는 반대되는 현상이 일어난다. 일본 도호쿠대학 의학부 가와시마 교수 연구팀에 의하면 언어 지능이 저하되고 동작성 지능 및 두뇌 전체 지능에도 영향을 미친다고 한다.

아침 독서 시간, 아이들 손에는 책이 쥐어져 있지만 책장만 건성건성 넘기고 있을 뿐이다. 이러한 독서가 스마트폰이나 컴퓨터(게임)와 무엇이 다를까?

고전읽기의 장점은 아이로 하여금 책의 재미를 느끼게 해 진정한 독서를 유도한다는 것이다. 최대 경쟁자인 스마트폰이나 컴퓨터(게임)와는 전혀 다른 즐거움으로, 다시금 책에 빠져들게 한다. 무엇보다 고전읽기는 아이의 두뇌를 바꾼다. 따라서 엄청난 학습 효과가 덤으로 주어진다. 고전읽기를 통해 향상된 어휘력과 사고력은 물론 집중력이 자연스럽게 학습 효과로 이어지는 것이다. 송재환 교사가 집필한『초등 고전읽기 혁명』(글담 출판사)에 그 이유를 짐작할 만한 대목이 나온다.

고전을 읽으면 사고력이 발달한다. 논리적 구조가 탄탄한 글을 읽는 사이 자연스럽게 논리 구조를 배우게 되며, 내용을 계속 되새김질하며 읽는 사이 사고력이 발달하는 것이다. 사고력이 높은 사람은 처음 보는 문제도 해결법을 찾아내며, 새로운 방식으로 문제를 해결한다. 지능과도 많은 상관관계가 있는데, 사고력을 키우면 지능도 함께 향상된다.

이처럼 고전은 사고력을 발달시켜 학습 능력을 높여 준다. 작년에는 5학년 아이들과 인성 고전읽기를 했다. 처음에는 아이들이 망설였다. 교실이든 도서관이든 손만 뻗으면 책이 널려 있는데 고전읽기를 위해 굳이 다른 책을 사야 하는 것도 내키지 않는 듯했다. 게다가 학원만으로도 벅차고 피곤한데 고전까지 읽게 되면 더 힘들고 귀찮아지는 건 아닐까 하는 마음도 있었을 것이다.

만약 학습 효과만이 목표였다면 오히려 학습 만화가 더 좋았을 것이다. 그러나 나는 아이들에게 학습을 위해 고전을 권하는 것이 아니었다. 황폐해진 아이들의 마음이 지금보다 풍요롭고 단단해지기를, 책 읽기의 즐거움을 느끼기를, 더 나아가 깊이 있는 읽기를 통해 사고력과 통찰력을 키우기를 바랐다. 이것이 결국에는 지금 당장 문제를 하나 더 풀고 지식 하나를 더 외우는 것보다 아이들에게 더 가치 있고 힘이 되어 줄 것이라고 믿었기 때문이다.

우여곡절 끝에 『유배지에서 보낸 정약용의 편지』(보물창고)를 아이들과 읽기 시작했다. 이 책을 읽다 보면 당시 조선 시대의 사회, 문화, 정치, 경제에 대해 두루 알게 되는 것은 물론 당시의 생활상도 엿볼 수 있다. 예를 들면 정약용이 둘째 형님에게 쓴 편지에 이러한 내용이 있다.

하나라의 속담에 "무리 지어 다니면서 양식을 먹어 치워, 굶주린 사람은 먹지 못하고 힘든 사람은 쉬지 못한다. 백성들이 서로 흘겨보고 비방하는데도 왕의 명령을 어기고 백성을 학대한다. 그리하여 음식을 물 흐르듯 낭비하고, 이곳저곳을 놀러 다니며 주색에 빠짐으로써 제후에게 근심을 끼친다."라고 했으니, 지금의 관찰사를 두고 하는 말입니다.

이 내용을 통해 조선 시대 관찰사라는 직책의 사람이 그 역할을 제대로 못해 백성들이 고통을 겪었음을 미루어 짐작할 수 있다. 당시 관찰사는 각 도에 파견되어 지방 통치의 책임을 맡았던 최고의 지방장관이었다. 이렇듯『유배지에서 보낸 정약용의 편지』를 통해 조선 시대 유배 제도와 부패한 권력가의 횡포는 물론 백성들의 피폐한 생활상도 알 수 있다. 아래는 이 책을 읽고 쓴 아이의 글이다.

정약용은 조선 시대 실학자로 정조를 도와 수많은 실생활의 문제를 해결하였다. 그는 1789년 스물여덟의 나이에 대과에 급제하여 정조의 개혁 정치를 적극 도왔다. 규장각에서 중요한 정책을 연구하고 정조가 화성에 행차할 때 한강에 배다리를 설치하고, 수원 화성을 설계했다. 나도 작년에 수원 화성에 가본 적이 있는데 정약용이 설계한 것인 줄 몰랐다.

이런 훌륭한 학자가 모함을 받아 강진에 유배되었다니 참으로 안타깝다. 유배지에서도 당시 지방 통치 책임을 진 관찰사의 부패상을 꾸짖고 백성들을 먼저 생각하는 편지를 보면서 정약용의 훌륭한 정신을 본받고 싶다는 생각을 했다.

그는 "지방관은 언제나 청렴결백하고, 명예와 재물을 탐내지 않으며, 절대로 뇌물을 받지 말아야 한다. 그리고 백성에게 봉사하고 백성을 보호하는 것이 지방 관리의 임무" 라고 밝히며 『목민심서』를 지었다. 다음에는 『목민심서』를 읽고 싶다.

마침 5학년 때 아이들은 역사를 배운다. 오늘날과 너무 다른 과거의 이야기인지라 아이들에게 낯설 수 있는 내용을 담은 책이지만, 교과 과정과 맞물려 긍정적 시너지를 이끌 수 있었다. 생생한 과거를 엿보는 기회이자 낯선 어휘들에 익숙해지는 계기가 된 것이다.

고전이 주는 학습 효과는 이 밖에도 많이 있다. 그동안 밝혀진 학습 효과를 정리해 보면 아래와 같다.

집중력이 향상된다

고전읽기를 하면서 가장 먼저 나타나는 변화는 집중력이다. 건성건성 읽거나 오래 집중하지 못하던 아이들이 고전을 읽고부터 집중력이 높아진다. 고전은 생각을 깊이 해야 이해할 수 있는 구절이 많다. 사건이나 인물들 간의 갈등을 연관 지어 생각해야 할 부분이 많은 까닭에 자신도 모르게 책 속으로 빠져들게 된다. 이렇게 형성된 집중력은 공부할 때도 이어져 학습 능력 향상이라는 결과를 낳는다.

서술형 문제를 두려워하지 않게 된다

국어는 도구 교과이기에 국어를 잘하지 못하면 다른 과목도 잘하기 어렵다. 더군다나 최근에는 출제 유형이 바뀌면서 배점이 높은 서술형 문제가 시험 결과를 좌우하는데, 이러한 문제들은 문장을 잘 이해해야 풀 수 있다.

고전을 읽으면 사고력이 깊어지고 다양한 어휘를 접할 수 있어 어휘력이 향상된다. 고전에 나오는 한자어나 고어는 새로운 언어 자극이 되어 어휘 세계를 넓혀 준다. 자연히 국어 능력이 좋아져 국어 점수가 높아진다. 또한 초등학교 때부터 고전을 읽은 아이들은 진학하면서 배우게 되는 고전을 미리 접하는 계기가 되어 언어 영역에서 좋은 점수를 받을 수 있다.

논술과 토론 능력이 향상된다

논술과 토론 능력이 점점 더 중요해지고 있는 추세다. 이를 이야기할 때 독서를 빼놓을 수 없다. 많이 읽고, 많이 생각해 보고, 많이 써보고, 많이 대화해 봐야 늘기 때문이다. 논술은 단지 글쓰기 기술이 아니라 자신의 생각이나 삶 속의 문제를 논리적으로 풀어내는 것이다. 고전에는 위대한 저자들의 생각이 담겨 있다. 고전을 읽으면서 그들의 사고 과정을 따라갈 수 있으며, 하나의 사건을 다양한 각도에서 생각해 볼 수도 있다. 그리고 글이 주는 감동은 읽는 이에게 자신의 생각을 펼치고 싶게 만든다. 앞에서 이야기한 사례를 통해서도 고전을 읽은 뒤 토론이 활성화되었다는 것을 이미 알고 있을 것이다. 이렇듯 고전을 읽다 보면 논술과 토론 능력이 향상된다.

고전읽기를 진행하다 보면 아이들의 관심 분야가 바뀌거나 확대되는 것을 보곤 한다. 역사에 대한 이야기를 읽다가 위인에 관심을 갖기도 하고, 위인전을 읽다가 과학 분야로 관심이 옮겨 가기도 한다. 이런 과정을 거치며 폭넓은 독서를 하게 되고 자연스럽게 다양한 분야를 접하게 된다. 고전에는 아이가 평상시 접할 수 없는 여러 상황들과 주제들이 등장하기 마련이다. 이러한 것들이 아이들에게 신선한 자극이 되는 모양이다. 이는 두

뇌의 힘을 강화시키고 배경지식을 확장시켜, 아이들이 수업 내용을 이해하는 데에도 도움이 된다.

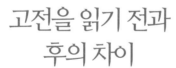

고전을 읽기 전과
후의 차이

1577년에 율곡 이이가 쓴 『격몽요결』의 서문에는 사람 노릇을 하려면 공부를 해야 한다는 내용이 나온다.

사람이 이 세상에 태어나서 공부(學問)하지 않으면 사람답게 살 수 없으니, 이른바 공부라는 것은 이상하거나 특별한 일이 아니다. 단지 아버지가 되어서는 자식을 사랑하고 자식은 부모님에게 마땅히 효도해야 하고, 신하가 되어서는 마땅히 임금에게 충성을 다해야 하고, 부부가 되어서는 당연히 분별이 있어야 하고, 형제가 된 자는 마땅히 우애가 있어야 하고, 젊은이는 마땅히 어른을 공경해야 하고, 친구 사이에는 마땅히 신의(믿음과 의리)가 있어야 하니, 경우에 따라서 각각 그 합

당하게 행동할 따름이다. 아득하고 기묘한 데에 마음을 써서 특별한
효과를 기대하는 것이 아니다.

율곡 이이가 언급한 '공부'란 한 문제 더 맞추기 위한 지식을 말하는 것
이 아니다. 사람답게 살아가는 기본 도리, 지혜를 말한다. 이를 위해 공부
할 때 비로소 그 값어치가 있다고 말한다.

아이들은 학교에서 많은 양의 지식을 주입받는다. 달달 암기하고 문제
집을 풀며 시험을 잘 치르기 위해 준비한다. 시험이 끝나면 몇 개 틀렸는
지, 우리 반 일등은 누구인지가 초미의 관심사가 된다.

지혜로움이란 남보다 더 많이 아는 지식이나 뛰어난 능력을 말하는 것
이 아니라 문제를 해결하는 혜안과 통찰력이며 인간의 내면을 이해하는
힘이기도 하다. 이에 대한 중요성을 모르는 부모는 없을 것이다. 다만 이
를 어떻게 길러 줘야 할지 그 방법을 모를 뿐이다.

기원후 70년 로마 제국에 멸망당한 뒤 제2차 세계대전을 거치며 이스라
엘을 건국하기까지, 늘 박해에 시달리던 유대인은 고전을 통해 깨달은 지
혜로 살아남았다 해도 과언이 아니다. "만약 당신이 살아남고 싶다면 먹
는 것, 마시는 것, 노는 것, 일하는 것으로는 안 된다. 지혜가 있어야만 살
아남을 수 있다."라는 유대 격언이 있을 정도로 위기 상황에서 의지할 것
은 지혜라고 여겼다.

그들은 고전을 통해 인간의 내면을 이해하고 삶을 통찰하는 지혜를 배우
고 익혔다. 특히 고전 문학에는 갈등을 해결해 나가는 모습이 그려진다. 다
양한 문제 속에서 그들이 해결 방법을 찾아내는 과정을 읽으면서 지혜를 얻

게 된다.

안네가 2년이나 숨어 지내면서 쓴 일기를 보면 나를 반성하게 된다. 그가 '키티'라고 이름 붙인 일기장에는 이런 글이 있다.

"사실 나는 가능하면 엄마의 좋은 점만을 보려고 하지만 그게 잘 되지 않는단다. 하긴 자식들의 마음을 완전히 만족시켜 주는 부모는 이 세상 어디에도 없을 거야. 그렇기에 나는 스스로 더 강해지고 훌륭하게 자라려고 해. 나를 위로할 수 있는 사람은 나뿐이라고 생각하거든. 그래서 날마다 나를 향상시키려고 노력하는 거야."

독일군의 박해를 피해 은신처에서 생활하면서 어떻게 밝고 꿋꿋하게 이겨 낼 수 있었을까? 어떻게 전쟁의 고통과 두려움 속에서 희망을 잃지 않고 살 수 있었을까? 나는 조그마한 일도 참지 못하고 엄마에게 짜증을 낼 때가 많은데 안네의 생각은 정말 훌륭한 것 같다. 불안과 두려움을 이겨 내는 방법으로 하루하루 일기를 기록하면서 마음을 다스리는 것이 놀랍다.

『안네의 일기』에는 어른조차 감당하기 힘든 은신처 생활 중 부모님과의 갈등, 이성 친구에 대한 고민, 자기 자신에 대한 반성 등이 솔직하게 담겨 있고, 고통과 두려움을 씩씩하게 이겨 내는 과정이 생생하게 그려져 있다. 자신과는 비교도 할 수 없을 만큼 힘들고 어려운 생활 속에서도 꿈과 희망의 끈을 놓지 않은 안네를 보고, 이 글을 쓴 미정이는 대단히 놀라워했다. 작은 일도 참지 못하는 자신을 반성하고, 더 나은 생각을 품고자 했다.

이러한 경험이 내면에 쌓인다면 아이가 삶을 살아가는 방식 역시 달라질 것이다. 안네처럼 일기를 쓰며 힘든 상황을 이겨 내고자 할 수도 있을 테고, 다른 사람을 탓하기보다 자신에게서 답을 찾아 문제를 해결해 나가고자 할 수도 있을 것이다.

조지와이드대학교 설립자 올리버 벤 드밀은 자신이 쓴 책『토마스 제퍼슨의 위대한 교육』에서 역사상 위대한 리더들을 연구해 발견한 교육의 두 가지 중심 요소로 고전과 멘토링을 소개한다. 또한 그는 이 책에서 "고전을 다시 한 번 더 읽었을 때 너는 예전에 발견했던 것보다 더 나은 것이 아닌, 오히려 예전과 다른 너 자신을 발견하게 될 것이다."라고 한 클리프턴 패디먼의 말을 인용했다. 이 말은 고전에 담겨 있는 지혜가 읽는 이를 변화시킨다는 의미일 것이다. 고전을 읽기 전과 후의 차이는 바로 지혜에 있다. 고전이 세상을 바라보는 세계관, 어떻게 살 것인가에 대한 근원적인 물음, 자아 정체성에 대한 고민, 인생에 대한 질문과 해답을 주기 때문이다. 철학적 고민을 하게 해주는 윌리엄 셰익스피어의『햄릿』, 쉬운 글로 생활의 가르침을 주는『사자소학』, 정체성을 발견하게 해주는『꽃들에게 희망을』등등, 아이들도 부담 없이 읽을 수 있는 고전은 많이 있다.

거듭 강조하지만 고전을 읽는다는 것은 오랫동안 변치 않고 이어져 온 생생한 지혜를 전해 받아 삶 속에서 다시금 재창조하는 통찰력을 공부하는 것과 같다. 고전을 읽으면서 아이는 자연스럽게 작품이 던지는 철학적인 질문을 스스로에게 던져 보기도 하고 제 생각과 삶을 비교하게 된다. 평소 해오던 고민의 답을 찾는 기쁨과 희열의 순간을 맞이하게 된다. 그것들이 바로 살아가는 지혜가 아닐까 생각한다.

3장

가정에서 인성 고전읽기를 시작하기 전 유의 사항

고전읽기가 무조건
좋을 것이란 생각을 버려야 한다

"후회 없는 고전읽기를 시작하는 방법"
:
고전이 주는 다양한 효과들을
내 아이에게 고스란히 선사할 수 있는 읽기법은 없는지,
많은 분들이 궁금해한다.
효과적인 읽기법보다 중요한 것은
잘못된 고전읽기법을 바로 잡고 올바로 시작하는 것이다.

무엇이든 정답을
찾으려 하지 마라

아이들을 가르치다 보면 학년이 올라갈수록 공통된 모습을 발견하게 된다. 바로 질문이 줄어든다는 것이다. 저학년 때는 "선생님!"이라는 부름이 두려울 정도로 시도 때도 없이 질문을 하던 아이들이 고학년으로 올라갈수록 입을 다문다. 심지어 수업 시간에 하는 "흥선대원군의 통상수교거부 정책에 대해 어떻게 생각하니?"라는 질문에도 묵묵부답인 경우가 많다. 가만히 앉아서 듣고 익히고 문제 푸는 것에는 익숙하지만, 제 생각이나 의견에 대해 물으면 당황스러워한다. 사실 이는 아이들 탓만은 아니다. "쓸데없는 생각 하지 말고 시키는 거나 해." "왜인지 좀 따지지 마라. 그냥 그런 거야." 아이들은 이러한 말들을 반복적으로 들으며 자라 왔고, 정답이 아닌 의견이나 생각에 대해 격려를 받아 본 경험이 별로 없다.

상황이 이렇다 보니, 아이들과 함께 의견을 나누어야 하는 수업일수록 지도하기가 난감하다. 특히 도덕 교과는 자신의 경험을 나누고 함께 도덕적 가치에 대해 생각해 보는 시간이기 때문에 아이들이 교사의 질문에 답하지 않으면 수업을 이끌기가 매우 힘들다. 그런데 아이들은 똑떨어지는 정답이 아니면 여간해서는 대답을 하지 않는다. 수업 시간에 정답을 말할 때만 선생님에게 칭찬을 받고 긍정적 피드백을 들어 왔던 터라 틀릴지도 모르는 대답은 아예 하지 않는 것이다.

물론 정답이 필요할 때도 있지만, 인생이 모두 한 가지 정답으로만 이루어지는 것은 아니다. 선생님의 일방적인 가르침만이 전부는 아니며 스스로의 깨우침이 필요하다. 독서 교육은 깨달음에 도달하는 가장 좋은 방법이다. 그런데 요즘은 이러한 깨달음을 무시하고 독서 교육 역시 지식을 얻는 또 하나의 수단으로 여기는 듯하다. 고전읽기를 지도하는 부모는 이 부분에 유의해야 한다. 『톰 소여의 모험』을 쓴 세계적 소설가 마크 트웨인은 "당신에게 가장 필요한 책은 당신으로 하여금 가장 많이 생각하게 해주는 책이다."라는 말을 남겼다.

요즘 부모들은 자녀가 한두 명이다 보니 아이에게 이것저것 가르치려고 하는 경향이 매우 짙다. 마치 남보다 먼저, 더 많이 가르치는 부모가 좋은 부모인 것처럼 말이다. 어떤 부모는 논술에 대비할 목적으로 아이에게 고전읽기를 시키기도 한다. 물론 고전을 제대로만 읽는다면 논술뿐 아니라 학업 고민까지 덜 수 있다. 하지만 고전읽기의 진정한 목적은 이러한 가시적인 결과물이 아니라, 고전읽기의 과정에서 일어나는 '사고 활동'과 다양한 시대를 살아간 인물들이 들려주는 지혜를 통해 의식을 확장하는 데 있다. 만약 부모 욕심으로 아이에게 억지로 고전읽기를 강요한다면 오히려 거부감으로 역효과를 가져올 수 있다. 시키는 대로 학습하고 정해진 답을 외우는 것에 익숙해진 아이들은 고전읽기로도 아무런 깨달음을 얻지 못한다.

독서가 일반 공부와 다른 이유

조선 선조 때의 문신으로 이황의 제자이며 임진왜란 당시『징비록』을 쓴 학자 유성룡은 평생을 책과 함께 산 위인으로 유명하다.

"독서란 생각이 중심이다. 생각하지 않는다면 보고 들은 것을 그대로 다른 사람에게 전달하는 데 그치는 수준밖에 안 된다. 그러면 많은 책을 읽어도 소용이 없다. 어떤 사람은 다섯 수레의 책을 입으로 줄줄 외지만 글의 뜻과 의미를 알지 못한다. 이는 생각하지 않으면서 책을 읽기 때문이다."

이렇듯 그는 단순히 읽는 것에 만족하지 않고 깊이 생각하는 독서를 강조했다. 영국 경험론을 대표하는 철학자이자 진보적 사상가였던 존 로크 역시 "독서는 단지 지식의 재료를 얻는 것에 불과하다. 그 지식을 자기 것으로 만드는 것은 오직 사색의 힘으로만 가능하다."라고 말하며 독서에서 사색의 중요성을 강조했다.

우리 뇌 속에는 약 140억 개에 이르는 뉴런neuron, 즉 신경 세포가 있다. 뉴런은 그리스어로 '밧줄' 또는 '끈'이라는 뜻인데, 뇌와 온몸이 연결되어 있음을 나타낸다. 뉴런은 핵을 중심으로 수많은 가지치기를 하는데, 신경 세포에서 뻗어 나온 신경 돌기 말단이 다른 신경 세포와 접합하는 부위를 '시냅스synapse'라고 한다. 뉴런은 한번 소멸되면 재생되지 않는 한편 시냅스는 일생에 거쳐 발전하고 퇴화한다. 인간의 뇌는 많이 담을수록 용량이 커지고 시냅스는 자극을 받을수록 더욱 튼튼해진다. 그리고 독서는 뇌 속 여러 뉴런들의 집합인 신경 회로를 발달시키는 최상의 수단이다. 아이에게 책을 읽도록 독려하는 이유도 결국 두뇌의 힘, 사고하는 힘을 길러 주기 위함이다. 이것이 책 읽기가 일방적인 주입식 교육과 암기 위주의 공부와 다른 점이다. 생각하지 않고 무조건 암기하거나 기계적으로 반복하는 공부는 지식을 쌓아 줄지는 몰라도 시험처럼 정답 맞히기가 아닌 실제 삶에는 아무런 도움도 되지 않는다.

아이들에게 필요한 건 시간이다

어린이날이면 마음껏 뛰어노는 아이들의 밝은 모습이 텔레비전에 어김없이 등장한다. 아이들의 인터뷰 내용은 한결같다.

"날마다 어린이날이었으면 좋겠어요. 그럼 오늘처럼 학원에도 안 가고 실컷 놀 수 있으니까요."

몇 해 전 한 잡지사에서 초등학생 100명을 대상으로 주요 관심사와 고민을 묻는 설문 조사를 진행했다. 그중 '나의 가장 큰 스트레스 요인은 무엇인가?'라는 질문에 100명 중 74명의 아이들이 '공부와 성적'이라고 답했다.

서울시가 2015년에 발간한 《통계웹진》은 아이들의 대답이 거짓이 아님을 말해 준다. 84.3퍼센트의 초등학생들이 학교 밖 보충 교육을 통해 사교육을 받고 있으며, 학생 1인당 월평균 사교육비가 2007년 28만 원에서 2014년 35만 6000원으로 늘어 통계 작성 이후 처음으로 최고치를 기록한 것이다.

통계 수치를 통해 예측할 수 있듯이, 요즘 초등학생들은 정규 수업 외에도 방과 후 활동을 비롯한 여러 사교육 활동에 치여 늘 잠이 부족하다. 수업 중 혼이 나간 듯이 멍하니 앉아 있는 아이들을 심심치 않게 보곤 한다. 과도한 교육열과 사회적 분위기에 휩쓸려 파김치가 될 지경으로 꽉 짜인 스케줄을 소화하고 있는 아이들에게서 스스로 배우고자 하는 의지와 스스로 생각하고자 하는 열정을 찾아볼 수 없는 것은 어쩌면 당연하다.

고전이 기름진 토양이라면 생각하는 마음은 씨앗과 같다. 싹을 틔우고 열매를 맺기 위해서는 '생각하기'라는 씨앗을 뿌려야 한다. 아무리 기름진 땅일지라도 씨앗을 뿌리지 않으면 열매는커녕 먼지만 폴폴 날릴 뿐이다. 생각하지 않는 독서, 흥미 위주의 독서로는 아무리 고전일지라도 얻을 수 있는 것이 없다.

유대인 부모는 자녀가 어릴 때부터 꿈과 인문학을 가르친다. 유대인은 세계 인구의 0.2퍼센트를 차지할 뿐이지만 역대 노벨상 수상자의 약 22퍼센트인 194명의 수상자를 배출했다. 그 밖에도 다양한 분야에서 활약한 세계적인 인물들 중에는 유독 유대인이 많다. 이처럼 걸출한 인물을 많이 낳을 수 있었던 원동력으로 『탈무드』라는 고전과 '하브루타'라는 전통적인 유대인 토론 교육을 꼽을 수 있다. 이는 고전읽기, 그리고 생각을 유도하는 질문과 그 대답, 토론이 아이들 교육에 얼마나 큰 영향을 끼치는지 짐작하게 해주는 대목이다.

생각이 빠진 독서는 독서라고 할 수 없다. 심리학자들은 인간은 하루에 약 6만 번 생각을 하며 그중 약 90퍼센트 이상이 어제 했던 생각이라고 말한다. 새로운 생각을 할 때 비로소 성장할 수 있다. 새로운 생각을 이끌어내는 최상의 수단인 고전을 읽히려고 하면서, 여전히 '정답 찾기'식 읽기 지도만 하고 있는 건 아닌지 점검해 봐야 한다.

고전이라고 모든 책이
아이에게 좋은 것은 아니다

미국의 한 통계에 따르면, 상위 5퍼센트 아이들의 독서 시간은 하위 5퍼센트 아이들의 독서 시간보다 144배나 많다고 한다. 교육자들 역시 성취욕이 높은 아이일수록 독서에 쏟는 시간이 많다고 말한다. 하지만 독서 시간이 많다고 해서 마냥 기뻐할 일은 아니다.

쉬는 시간임에도 독서삼매에 빠져 있는 아이들이 있다. 기특한 마음에 "무슨 책을 그렇게 열심히 읽고 있어?" 하고 가까이 가보면 대부분 학교 괴담이나 만화, 판타지 책이다. 이는 아이 탓이 아니다. 독서 지도가 올바로 이뤄지지 않으면 아이들은 읽기 쉽고 재미있는 책만 손에 쥐게 된다.

책을 가까이 하는 아이로 키우기 위해서는 책에 대한 의욕도 중요하지만, 바른 독서 습관이 무엇보다 중요하다. 가끔 어떤 책이든 '읽는 것' 그

자체만으로 만족하는 부모가 있다. 하지만 아무 책이나 읽는 것은 오히려 안 읽느니만 못하다. 먹을수록 해가 되는 불량 식품과 같다. 특히 언어를 통해 사고하고 인지하는 시기인 만큼 초등 아이들은 어휘가 풍부하고 깊이를 갖춘 책을 읽도록 지도해야 한다. '어떤 책을 읽든 책상에 앉아 있기만 하면 된다.'라는 생각을 버리고 아이에게 바른 독서 습관을 길러 주기 위해 힘써야 한다. 수백 권의 책을 읽었음에도 아이에게 어떠한 작은 변화도 나타나지 않는다면 아이가 읽고 있는 책을 점검해 볼 필요가 있다. 양질의 책을 고르는 것, 이것이 바로 독서 습관을 기르는 데 있어 최우선적으로 해결해야 할 과제다.

미국 대학들은 상상을 초월하는 독서 교육을 실시하고 있다. 2014년에 방영된 EBS 「다큐프라임」 '왜 우리는 대학에 가는가' 편에 나온 세인트존스대학교에는 학과도 전공도 없다. 4년간 학교에서 정해 놓은 100권의 인문 고전을 읽고 토론하는 것이 교육 과정의 전부다. 세인트존스대학교는 이화여자대학교 최재천 석좌교수가 우리나라 대학이 나아가야 할 방향으로써 제시했던 곳이기도 하다.

고전에서 양질의 책을 찾도록 하자. 우리 아이는 책을 많이 읽으니 걱정 없다고 방심해서는 안 된다. 다양한 분야의 글, 특히 많은 생각을 유도하는 고전 독서 환경을 마련해 주어야 한다.

사실 고전은 어른에게도 생소해서 선뜻 가까이하기 힘든 분야이기도 하다. 교육자이자 책을 손에서 놓지 않는 나 역시 고전읽기의 중요성을 실감하기 전까지만 해도 고전을 멀리해 왔었다. 여기 고전읽기에 대한 용기를 주는 사례가 있다.

독일에서 한 아이가 태어났다. 그 아이는 세 살이 되도록 말을 하지 못했고 지적장애가 의심될 정도로 기억력이 좋지 않았다. 산만하고 불성실한 태도로 학교에서 퇴학을 당하기도 했다. 그런데 막스 탈무드를 만나고 난 뒤부터 아이가 조금씩 달라졌다. 탈무드는 아이와 함께 『순수 이성 비판』을 읽는 등 고전 교육을 시작했다. 이후 아이의 삶은 독서로 채워졌다. 10대에 이미 서양 철학을 독파했으며, 때로는 철학자들과 며칠씩 치열하게 토론을 벌이기도 했다. 이 아이의 이름은 바로 상대성 이론으로 유명한 알버트 아인슈타인이다.

아인슈타인의 부모는 학교에서 쫓겨난 아들을 위해 일주일에 한 번 막스 탈무드를 집으로 초대해 아이의 멘토로서 함께 고전을 읽고 토론하게 했다. 그리고 그러한 시간들이 아인슈타인을 오늘날 세계적인 천재 물리학자로 성장시켰다.

이지성은 『리딩으로 리드하라』(문학동네)에서 아래와 같이 언급했다.

인문 고전 독서는 두뇌에 특별한 기쁨을 가져다준다. 물론 처음에는 고되다. 이루 말할 수 없이 힘들고 어렵다. 단어 하나, 문장 하나를 이해하지 못해 진도가 일주일 또는 한 달씩 늦어지는 경우가 다반사다. 하지만 어느 지점을 넘기면 고통은 기쁨으로 변한다. 인류의 역사를 만들어 온 천재들이 쓴 문장 뒤에 숨은 이치를 깨닫는 순간 두뇌는 지적 쾌감의 정점을 경험하고, 그 맛에 중독된다. 그리고 서서히 변화하기 시작한다. 뻔한 꿈밖에 꿀 줄 모르고 평범한 생각밖에 할 줄 모르던 두뇌가 인문 고전 저자들처럼 혁명적으로 꿈꾸고 천재적으로 사고하는 두뇌로 바뀌기 시작한다.

성공한 사람들 중에 고전을 즐겨 읽은 사람이 많다는 사실을 아마 대부분 알 것이다. 앞에서도 소개한 바 있는 존 스튜어트 밀은 자서전에서 "나는 지적인 영역에서 평균 이하였지, 이상은 결코 아니었다. 평범한 지적 능력, 평범한 신체 능력을 갖춘 사람이라면 누구나 내가 받았던 고전 독서 교육을 성공적으로 해낼 수 있다."라고 고백하기도 했다. 그러니 용기를 내어 고전읽기를 시도해 보자. 만화, 판타지와 같은 책들이 줄 수 없는 독서의 즐거움을 일깨워 주자.

고전에도 좋은 도서가 따로 있을까?

고전이라면 무조건 아이에게 좋을까? 그렇지 않다. 아이의 수준과 능력을 벗어난 고전읽기는 아무런 효과가 없다. 초등 3학년 아이가 『난중일기』를 읽고 쓴 독후록을 본 적이 있다. 임진왜란의 역사적 배경을 아직 알지 못한 데다 어휘마저 낯선 탓에 읽는 것만으로도 벅찼던 모양이다. "나도 일기를 매일 써야겠다."로 끝나는 아이의 독후록을 보면서 이 책을 전혀 이해하지 못했음을 알 수 있었다. 책을 이해하지 못했는데, 아무리 고전이라고 해도 어떤 효과를 얻을 수 있겠는가.

고전을 읽히고 있는데 잘하고 있는 건지 의심이 간다면, 가장 먼저 아이의 수준에 맞는 고전인지를 살펴보아야 한다. 하지만 고전의 난이도를 판단하기란 좀처럼 쉬운 일이 아니다. 이럴 때는 전문가들이 권하는 고전 도서 목록을 기준으로 하면 좋다. 이때 아이들의 발달 과정을 이해하고 관심사와 이해 수준 등을 헤아릴 수 있다면 아이에게 더욱 알맞은 고전을 골라 줄 수 있다.

내가 고전읽기 지도를 하는 데 있어 많은 도움을 받았던 송재환 교사는 자신의 책에서, 꼭 완역본으로 읽힐 것을 권하고 있다. 나 역시 대단히 공감하는 바다. 하지만 아직 읽기가 여물지 않은 아이라면 또는 고전을 처음 접하는 아이라면 먼저 고전에 흥미를 가지고 친숙함을 느끼는 것이 무엇보다 중요하다고 생각한다. 이를 위해 나는 어린이용으로 편집된 고전도 고전읽기 지도에 적극 활용했다.

아무리 읽기 능력이 발달한 고학년일지라도, 『논어』, 『명심보감』과 같은 책을 처음 접하게 되면 그 생소함에 거부감부터 느끼기 쉽다. 따라서 처음에는 문학 분야로 고전읽기를 시작하는 것이 가장 바람직하다. 문학은 누구나 부담 없이 받아들인다. 또한 처음부터 두꺼운 분량의 고전을 읽히기보다는 얇은 책으로 시작하는 게 좋다.

그다음에는 아이의 읽기 방법을 살펴보아야 한다. 고전읽기를 지도할 때는 아이에게 온전히 맡기기보다 함께 책을 읽거나 내용을 옮겨 쓰고 감동받은 구절에 밑줄을 긋게 하는 등 짧은 시간을 읽더라도 온전히 집중할 수 있도록 도와주어야 한다. 고전을 읽고 나서는 책 내용에 대해 함께 이야기를 나누는 것도 대단히 중요하다. 이에 대해서는 5장에서 좀 더 자세히 설명하고자 한다.

고전 만화는 괜찮을까?

아이들은 만화책을 대단히 좋아한다. 만화책 역시 많은 장점을 가지고 있지만, 만화책을 즐겨 읽을 경우 다음과 같은 우려 요소가 있다.

- 문장과 문장을 잇는 글이 생략되어 있어 제대로 된 문장을 읽을 기회가 적고 표현력을 기르기 어렵다.
- 글이 적으며 간단 대화로만 내용이 전개되어 줄거리 파악하는 힘을 기르기 어렵다.
- 그림으로 표현이 되어 있어 아이의 상상력이 한정된다.
- 책을 대충 읽는 습관이 형성된다.
- 중독성이 있어 습관이 되면 줄글로 된 책을 읽기 어려워진다.

이렇게 말하면 과학이나 국사처럼 탄탄한 내용을 바탕으로 한 '학습 만화'는 괜찮지 않냐는 질문을 받곤 한다. 나는 아무리 학습 만화라고 하더라도 되도록 만화책은 권장하지 않는 편이다. 만화책은 글을 대충 읽는 습관을 만들고 깊이 사고할 시간을 제한하기 때문에 좋은 독서 습관이 뿌리내려야 할 시기에는 알맞지 않다. 게다가 담고 있는 내용에 상관없이 지나치게 만화책을 읽다 보면 고학년이 되어서도 줄글 읽는 것을 싫어하고 끝내 독서 자체를 기피하게 될 수도 있다.

하지만 비록 만화책일지라도 독서 습관이 자리 잡고 난 뒤, 어떤 뚜렷한 목적을 가지고 읽는다면 도움이 되는 면도 없지 않다. 예를 들어『삼국지』나 한국사처럼 인물과 사건이 워낙 복잡하고 어려운 내용일 때 만화로 예습 차원에서 읽는다면 말이다.

만화책을 주로 읽는 아이들은 공통된 특징을 갖고 있다. 바로 집중하는 시간이 짧고 산만하다는 것이다. 만화책은 글을 꼼꼼히 읽지 않아도 그림만으로도 내용을 이해할 수 있기 때문에 크게 몰입하지 않아도 별 문제가 없다. 그만큼 뇌의 활동이 적다고 할 수 있다. 또한 어휘력이나 이해력이 부족한 경우가 많다. 호흡이 길거나 행간을 읽어야 하는 책은 감당하기 어려우니 이런 책에 빠져드는 것이다.

그러니 시간을 충분히 가지고 가벼운 고전 문학에서 시작하여 천천히 인문 고전으로 시야를 넓혀 주기 바란다.

아이가 책을 읽고 변한다는 말의 진짜 의미

현재 일본 전 지역의 2만 7000여 이상의 학교에서 날마다 '아침 독서'가 이루어지고 있다. 전체 학교의 절반이 아침 독서에 참여하고 있는 것인데, 특히 초등학교의 경우 참여 학교가 63퍼센트에 달한다.

아침 독서 이후 아이들에게 어떤 변화가 생겼을까? 먼저 국어와 수학 점수가 약 30퍼센트 향상되었는데, 부모들의 주요 관심사인 성적에서 괄목할 만한 성과가 나타났다는 점에서 주목을 끌었다. 그런데 이보다 놀라운 사실은 그동안 일본 학교의 문젯거리가 되어 왔던 '따돌림'이 줄어들었다는 점이다.

일본의 '아침 독서 운동'은 1992년에 시작되었다. 아침 독서 운동이 널리 퍼지게 된 데에는 도쿄 가미히라이 초등학교의 역할이 크다. 이 학교에서는 매일 아침마다 10분씩 책을 읽고 있다. 책에 재미를 느끼고 독서 습관을 들이기 위해 시작한 이 운동은 놀랍게도 아이들을 변화시켰다. 아침 독서 시간을 만들고 3년쯤 지나자, 걸핏하면 책상을 걷어차고 선생님에게 대들기 일쑤였던 아이들이 달라지기 시작했고, '따돌림'이나 등교 거부 같은 문제들도 서서히 줄어들었다. 이 사실이 알려지면서 일본 전역의 학교 절반이 '아침 독서 운동'에 동참하게 된 것이다.

일본의 아침 독서 열풍이 우리나라에 처음 전해진 것은 2005년이다. 그리고 지금은 여기서 한 발 더 나아가 많은 학교에서 고전읽기를 지도하고 실천하고 있다. 한 예로 대구광역시 교육청은 2015년부터 '사람을 따뜻하게 만드는 인문학'이라는 주제 아래 초등학교 입학부터 고등학교 졸업까지 '인문학 책 100권 읽기'라는 장기 프로젝트를 추진하고 있다. 어릴 때부터 배려와 나눔의 마음을 지닌 인재를 길러 내겠다는 취지다.

고전의 진짜 효과

이제는 우리나라에서도 아침 독서 시간은 매우 자연스러운 일이 되었다. 고작 20~30분 내외에 불과한 아침 독서가 어떻게 이러한 변화를 일으킬 수 있는 것일까?

독서를 할 때 시각 정보를 받아들이고 해석하는 후두엽, 언어를 담당하는 측두엽은 물론 종합적인 판단과 추리, 이성 등을 담당하는 전두엽에 이르기까지 뇌의 거의 모든 영역이 활성화된다는 사실은 이미 널리 알려져 있다.

KBS「특집 다큐멘터리−읽기 혁명」의 내용을 담은 책 『뇌가 좋은 아이』를 살펴보면 도호쿠대학 가와시마 교수가 지난 2006년 진행한 재미있는 연구가 소개되어 있다. 가와시마 교수는 학생들에게 '내일 할 일 생각하기', '카드놀이', '게임하기', '만화책 보기', '책 읽기' 등 10여 종류의 과제를 부여한 뒤 뇌의 활성화 여부를 연구하고 분석했다. 그 결과, 다른 과제들이 뇌를 거의 활성화시키지 않거나 특정 부위만 활성화시킨 데 비해 책 읽기는 다른 과제들과 비교할 수 없을 만큼 광범위한 뇌 영역을 붉게 물들였다. 특히 주의력, 창조력, 인간적인 감정, 커뮤니케이션 등과 관련이 깊은 것으로 알려진 '전두엽' 부위가 크게 활성화되었다. 즉 독서란 책을 읽는 행위라기보다 뇌가 활동하는 행위라고 보는 편이 더 타당할 것이다.

부모들은 흔히 이야기한다. 아이가 책상 앞에 진득이 앉아 책 읽는 모습을 당최 볼 수가 없다고 혹은 아이가 아무리 책을 읽어도 별 차이가 없는 것 같다고 말이다. 어떻게 하면 좋을지 모르겠다며 답답해한다.

많은 부모가 정말로 봐야 할 것을 보지 못하고 있다. 아이가 책을 읽고 변화한다는 것은 행동이나 말이 변한다는 것일 수도 있지만, 진정 변화하는 것은 아이의 뇌다.

다른 말로 표현하자면 독서의 진정한 의미는 깨달음에 있다. "저자의 지혜가 끝나는 곳에서 우리의 깨달음이 시작된다. 그것이 바로 독서다."라는 프랑스 철학자 장 그르니에의 말처럼 독서의 진정한 의미는 바로 깨달음(깨우침)이다. 지식을 얻고자 한다면 독서보다 효율적인 방법이 얼마든지 있다.

깨달음이 일어날 때 아이의 뇌, 전두엽은 춤을 추듯 활성화된다. 신경과 전문의 나덕렬 박사는 "전두엽이 빛을 잃어 가고 있는 노인도 책을 많이 읽으면 노화로 오는 뇌 활동의 저하를 막을 수 있다. 전두엽이 가장 활발하게 활동해야 할 나이에 게임이나 스마트폰으로 시간을 보내면 전두엽의 발달이 저해된다. 전두엽을 가장 활발하게 하는 데 독서보다 좋은 활동은 없다."라고 말하기도 했다.

전두엽이 활성화되면 의식의 확장이 일어나서 생각이 점차 바뀌게 된다. 그리고 생각의 변화는 행동의 변화를 불러일으킨다.

조선 후기 실학 시대의 문을 연 유형원은 독서를 하면서 황홀한 기쁨에 젖곤 했는데, 자신의 깨달음을 이렇게 표현했다.

"밝은 창가 조용한 책상 앞에서 가지런히 두 손 모으고 단정하게 앉아서 종일 독서한다. 혼신의 힘을 다해 책을 읽다가 고요히 사색에 잠긴다. 책에 적힌 성인의 말씀과 내 사색이 절묘하게 들어맞는 순간이 온다. 붓을 들어 잊고서 매달린다. 이해가 안 되는 구절을 만나면 밥과 잠을 잊고서 매달린다. 그러면 언젠가 마음에 깨달음이 온다. 그때 나의 심장은 뜨겁게 고동치고 내 입술에선 흥겨운 노래가 나오고 내 손과 발은 덩실덩실 춤을 춘다."

고전을 어떻게 읽어야 뇌의 활동을 보다 높일 수 있을까?

나는 아이들과 고전을 읽을 때면 항상 필사를 하게 했다. "손은 밖으로 나온 제2의 뇌"라는 말이 있기도 하듯이, 몸의 오감을 활용하는 것이 두뇌를 자극하는 가장 쉽고도 효율적인 방법인 까닭이다. 필사가 좋은 또 다른 이유는 글을 옮겨 적다 보면 자신도 모르게 그 문장에 대해 다시금 생각하게 된다. 읽으면서 한 번, 쓰면서 한 번, 두뇌가 사고의 과정을 반복하면서 자신이 깨달았던 것을 각인하게 된다. 또 책을 읽으며 느꼈던 감흥을 재확인하게 된다. 무엇이든 반복할 때 내 것이 된다. 게다가 필사는 독후감과 달리 아이들이 부담 없이 할 수 있는 활동이다. 모든 내용을 필사하는 것이 힘들다면 가장 감동적이거나 기억해 두고 싶은 구절, 다시 읽고 싶은 문장만 필사하는 것도 좋은 방법이다.

3학년 아이들과 고전읽기를 할 때였다. 겨울방학에 들어가기 전에 고전읽기를 해본 소감에 대해 물었다. 그러자 "고전을 읽다 보면 생각을 더 많이 하게 되는 것 같아요. 만화책은 재미있지만 아무 생각 없이 읽게 돼요. 하지만 고전을 읽으니 진짜 생각을 많이 하게 돼요." 하고 말하는 것이었다. 또 다른 아이는 "예전보다 더 깊이 생각하고 행동에도 신경을 쓰게 되었어요."라고 말하기도 했다.

물론 고전읽기가 힘들다고 말하는 아이도 적지 않다. 읽는 속도도 느리고 지루해한다. 무엇이든 습관을 들이기까지 힘든 시간이 있다. 사실 아이들이 고전을 어려워하는 것은 시대 환경이나 가치관, 생활 방식이 너무나 다르기 때문이다. 그래서 아이 혼자서 고전을 읽기란 매우 어렵다. 친구나 부모가 함께해 줘야 한다. 이때 마치 검사하듯이 닦달하며 빨리 읽기를 강요해서는 안 된다. 아이가 고전을 읽고 스스로 깨닫는 기쁨을 느낄 때까지 기다려 주어야 한다. 고전읽기의 힘은 정말 놀랍다. 고전에 재미를 느낀 아이는 이후에도 고전이라는 독서의 바다를 항해하기가 쉬워진다. 그 재미를 느끼는 속도는 아이마다 다르다. 독서 능력과 주위 환경이

다르기 때문이다. 그러니 아이가 다소 더딜지라도 내 아이의 고전읽기의 힘을 믿어 보자. 고전은 아이의 생각을 변화시키고 아이의 미래를 풍요롭고 가치 있게 채워 줄 보물 지도다.

고전읽기를 시작하는
부모의 마음가짐

　교사인 나에게도 독서 지도는 반성과 후회의 연속이었다. 그만큼 많은 시행착오를 겪었다. 나는 정작 다른 업무를 보면서 아이들에게만 독서를 강요한 적도 있었다. 더 많이 읽었으면 하는 욕심에 다독을 부추기기도 하고, 우리 반이 다른 반보다 더 많은 상을 받길 바라는 마음에 눈이 멀기도 했다.

　과거의 나처럼 바른 읽기의 중요성을 알면서도 아이와 눈높이를 맞추며 함께하기보다 일방적으로 몰아붙인 적은 없었는지 고전읽기를 본격적으로 시작하기 전에 돌이켜 보기를 바란다. 아이를 향한 "책 읽어라!"라는 부모나 교사의 무심한 외침이 독서를 또 하나의 숙제로 전락시켜 버렸는지도 모를 일이다. 당시 나는 아이들 손에 책이 들려 있기만 하면 기뻐했다. 제대로 읽고 있는지, 무슨 책을 읽고 있는지에는 관심을 쏟지 못했다.

그런 내가 아이들과 함께, 그것도 고전읽기를 해야겠다고 다짐하게 된 것은 앞에서도 이야기한 적이 있지만, 우연한 계기로 고전을 접하고부터다. 물론 제대로 이해하기 위해 읽고 또 읽으며 배로 힘들었지만, 책을 덮었을 때 느꼈던 기분을 지금도 잊을 수 없다. '아, 책을 읽는다는 것이 이런 느낌이구나.' 하며 벅찬 기분이 들었다. 내가 그동안 했던 독서는 독서가 아닌 것처럼 느껴질 정도였다. 그만큼 의미 있는 깨달음을 얻을 수 있었다. 이러한 기쁨을 아이들에게도 하루빨리 알려 주고 싶었다. 더욱이 당시 나는 가난해져 가는 아이들의 마음이 너무나도 염려되었다. 그런 아이들에게 고전이 힘이 되어 줄 것이라고 믿었다.

그러나 또 다른 한편에서는 걱정이 앞섰다. '아이들이 고전을 좋아할까? 내가 괜한 욕심을 내는 게 아닐까? 고전이 아니어도 되지 않을까?' 등등 겁이 났다. 그러나 나보다 먼저 고전읽기를 실천한 분들의 이야기를 들으며 불안감은 점점 확신으로 바뀌게 되었다. 무엇보다 고전읽기를 시작한 이후 일어났다는 아이들의 인성 변화를 교사로서 놓치고 싶지 않았다.

그렇게 해서 용기를 내어 인성 고전읽기를 시작하게 되었다. 아이들과 인성 고전읽기를 결심한 이후 내가 가장 먼저 한 일은 고전 도서를 구매한 것이다. 할 수 있는 만큼 구매해 교사 책상 책꽂이에 꽂아 놓았다. 이것은 아이들에게 보내는 선생님이 고전 도서를 사랑한다는 메시지요, 함께 고전을 읽자는 무언의 권유이기도 했다. 내 의도가 통하였는지, 이내 아이들이 하나둘 관심을 보이며 "선생님! 이 책 재미있어요?" 하고 물었다. 자연스럽게 내 책상에 꽂혀 있던 책들로 고전읽기를 시작하며 동기를 불어

넣을 수 있었다.

이처럼 아이에게 무언가를 권하고자 할 때는 부모가 먼저 노력하는 자세가 필요하다. 아이를 가르치고 성장시키려 하기보다 함께 배우고 성장해 나간다는 마음가짐으로 임할수록 아이는 부모의 가르침에 귀를 기울인다. 고전읽기 역시 마찬가지다. 아래의 몇 가지 마음가짐만 기억한다면 한결 유연하고 즐겁게 고전읽기를 할 수 있을 것이다.

부모가 먼저 고전읽기를 사랑하라

부모가 먼저 고전을 읽고 아이와 좋은 글귀를 나누는 등, 고전읽기를 즐거워하는 모습을 보여야 한다. 아이에게 가장 좋은 교육 환경은 부모다. 고전읽기가 습관이 되기까지 부모도 온 힘을 쏟아야 한다.

부모의 욕심을 버려라

부모가 가장 유의할 점은 바로 지나친 '욕심'이다. 조급증이 앞서면 시작도 하기 전에 아이가 고전을 싫어하게 되는 불상사가 생길 수 있다. 프랑스 소설가 로맹 롤랑이 "다급하게 책 읽는 버릇을 가진 사람은 좋은 책을 천천히 읽어 나갈 때의 묘한 힘을 결코 알지 못한다."라고 말했듯이, 고전은 천천히 생각하며 읽어야 효과가 몇 배로 커진다. 고전은 다급하게 많이 읽는 책이 아니라 읽는 과정에서 지혜와 깨달음을 얻는 책이다. 부모의 욕심이 최고의 방해물이라는 점을 기억하자.

고전에 대한 편견을 버려라

고전에 대한 인식을 바꾸어야 한다. 물론 고전읽기를 시도하는 부모라면 오랜 세월에 걸쳐 전해질 만큼 고전에는 훌륭한 지혜가 담겨 있다는 사실을 잘 알고 있을 것이다. 무엇보다 각자의 위치와 상황에 따라 서로 다른 깨달음을 얻을 수 있는 것이 고전의 매력이다. 한 권의 고전을 평생 동안 반복해서 읽었다는 위인들이 있는 것도 이 때문일 것이다. 고전은 어렵다는 편견을 버리자. 부모가 어려워하며 걱정하는 모습을 보이면 아이는 더 겁을 먹고 피하고 싶어진다.

고전읽기를 방해하는 유혹을 없애라

아이에게 책 읽는 습관을 만들어 주는 가장 좋은 방법은 유혹적인 물건을 아이 앞에서 치우는 것이다. 텔레비전만 켜면 스마트폰만 누르면 재미있는 것들이 쏟아지는 마당에 책을 읽기란 어른도 어렵다. 책에서 즐거움을 얻기까지는 많은 노력과 시간이 필요하기 때문이다. 아이들에게 고전을 읽히고자 한다면, 과감한 결정을 내려야 한다. 무엇보다 텔레비전을 없애야 한다. 만약 그러기가 쉽지 않다면, 안방이든 다른 곳으로 옮겨 꼭 필요한 프로그램만 시청하도록 하자. 스마트폰 역시 집에 오면 사용을 금지시키거나 특정 장소에서만 사용이 가능하게 하는 등 제한을 두자.

아이의 독서 수준을 점검하라

아이의 독서 수준을 점검하는 것이 고전읽기의 시작이다. 아이가 어떤 책을 읽고 있는지 자세히 살펴보아 아이의 수준에 맞는 고전을 찾는다. 이

때 부모들은 무심코 아이의 학년을 기준으로 삼기 쉽다. 그러나 만화책이나 판타지 책을 선호하는 아이라면, 또 고전을 처음 접하는 아이라면 학년을 기준으로 삼아서는 안 된다. 이와 함께 아이의 책장에서 도움이 되지 않는 책들은 과감히 정리하자. 그런 책들을 아이 책장에 두는 것은 불량식품인 줄 알면서도 아까워서 냉장고에 쌓아 두는 것과 마찬가지다.

"어떻게 하면 아이에게 즐겁게 고전을 읽힐 수 있을까요?" 하는 질문을 받곤 한다. 어쩌면 대부분의 부모들이 가장 싫어하는 대답이겠지만, 가장 좋은 방법은 부모가 함께하는 것이다. 그것만큼 큰 동기부여는 없다. 실제 고전읽기를 지도해 보면 부모가 시간을 정해 놓고 아이와 함께 고전읽기를 실천한 가정과 그렇지 않은 가정의 경우 결과가 확연히 차이 나기도한다. 학교에서는 부모 대신 교사가 함께해 준다면 좋을 것이다. 교사가 틈틈이 아이를 격려하고 칭찬해 주면 아이는 다소 무리라고 생각되는 책도 용기 내어 읽어 나간다. 저자의 이력이나 책 집필에 얽힌 이야기를 들려주어 흥미를 돋우는 것도 좋은 방법이다.

책을 다 읽은 후에는 책거리를 해주면 동기부여가 되어 다른 고전 책에도 도전하게 된다. 책거리라고 해서 거창한 이벤트가 아니라, 작은 선물을 주거나 아이가 좋아하는 음식을 만들어 주는 정도여도 충분하다. 부모가 보이는 관심과 믿음만큼 고전을 사랑하는 아이로 성장하게 될 것이다.

4
장

제자들과 함께한 고전

10권의 대표 도서로 실천하는
인성 고전읽기

"꼭 권하고 싶은 10권의 고전을 함께 읽다"

:

제자들이 좋아한 도서를 비롯하여 꼭 권하고 싶은 10권을

권장 학년, 난이도, 책의 가치 등을 바탕으로 선정했다.

인성 교육 효과가 저마다 다른 책들로,

미리 책 내용을 살펴볼 수 있도록 대표 구절들을 소개하고

다양한 독후 활동으로 깊이 읽기를 도왔다.

이 책들이 아이를 어떻게 변화시킬지 기대하며 함께 읽어 보자.

제목	처음 시작하는 인성 수업 『어린이 사자소학』		
인성 교육 분야	도덕성, 예의범절	추천 학년	초등 1, 2학년
엮은이	엄기원 (원전 『사자소학』은 저자 미상)	출판사	한국독서지도회

저자 및 책 소개

『사자소학』은 과거 서당에서 공부할 때 가장 먼저 배우던 교과서로, 어린이들의 바른 몸가짐과 마음가짐, 반드시 지켜야 할 생활 규범 등의 가르침이 담겨 있다. 지은이는 알 수 없으나 주자朱子의 『소학』을 비롯한 여러 경전 중에서 아이들이 알기 쉬운 내용만을 뽑아 엮었다. 네 글자가 모여 하나의 뜻을 나타내는 '사자일구四字一句'의 형식으로 되어 있어 '사자소학四字小學'이라고 부른다. 옛날 서당에서는 『천자문』과 함께 공부했다.

『어린이 사자소학』은 『사자소학』을 어린이의 눈높이에 맞춰 재구성한 책으로, 원문과 함께 이야기를 곁들여 더욱 쉽고 재미있게 읽을 수 있다.

추천 이유

초등 1, 2학년은 사회성이 발달함과 동시에 낯선 규범들을 익혀 나가는 시기로, 인성 교육의 적기라고 할 수 있다. 그런데 요즘 아이들은 영상 매체의 이른 노출로 잘못된 행동을 배우기 쉬우며, 적절한 예의범절 교육의 기회가 상대적으로 부족하다. 이런 아이들에게 『어린이 사자소학』은 부모에 대한 효도, 형제간의 우애, 친구 사이의 우정, 스승에 대한 존경심, 바람직한 대인 관계 등 집 안에서의 생활과 바깥에서의 올바른 행동과 예의범절 등을 배울 수 있는 최적의 책이다. 이야기가 재미있는 것은 물론이고 짧고 간결하게 구성되어 있어 지루하지 않고, 마치 노래를 하듯 즐겁게 읽을 수 있다.

아이들에게 들려주고 싶은 구절이 참 많은 책이다. 그중에서도 아래 구절들을 꼽은 이유는 효도란, 그리고 관계에서 필요한 기본 예의란, 결코 어려운 일이 아니라 일상 속에서 실천하는 간단하고 소소한 일임을 깨닫게 해주기 때문이다.

권해 주고 싶은 구절

- **부모호아 유이추지** 父母呼我 唯而趨之

  부모가 나를 부르시거든 대답하고 얼른 달려 나가야 한다.

- **부모출입 매필기립** 父母出入 每必起立

  부모님이 대문을 드나드실 때는 반드시 일어서서 인사하라.

- **출필고지 반필배알** 出必告之 反必拜謁

  집을 나갈 때는 반드시 고하고

  돌아와서는 반드시 찾아뵈어야 한다.

- **언어필신 거처필공**言語必愼 居處必恭

  언제나 말을 삼가고 거처는 반드시 공손히 하라.

- **차인전적 물훼필완**借人典籍 勿毁必完

  남의 책을 빌렸거든 훼손하지 말고 본 후에 꼭 돌려주라.

- **형제지정 우애이이**兄弟之情 友愛而已

  형제간의 정은 우애에서 온다.

- **언행상위 욕급우선**言行相違 辱及于先

  말과 행실이 서로 다르면 그 욕이 선열에게 미친다.

- **색사필온 모사필공**色思必溫 貌思必恭

  얼굴색은 반드시 온순하게 할 것을 생각하고
  얼굴 모습은 늘 공손하게 할 것을 생각하라.

읽는 방법

① 하루에 두세 쪽씩 읽게 한다

한 쪽에 한 구절씩 쓰여 있어 부담 없이 읽을 수 있지만, 천천히 뜻을 곱씹으며 생각해 볼 수 있도록 하루에 두세 쪽씩 읽게 한다. 생각 없이 읽는다면 빨리 읽을 수 있는 책이다. 하지만 그런 읽기로는 아무런 배움도 얻을 수 없다.

② 소리 내어 읽도록 한다

아이에게는 한자와 그 뜻풀이가 낯설고 이해하기 어려울 수 있다. 아이와 함께 소리 내어 읽어 보자. 혼자보다 함께 소리 내어 읽으면 책을 좀 더 재미있게 접할 수 있다. 이를 여러 번 반복한 뒤 암송해 그 뜻을 자연스럽게 내면화할 수 있도록 유도하자. 낯선 한자 낱말에 익숙해질수록 주제를 이해하기가 쉬워져 더욱 잘 받아들이게 된다. 뜻을 소리 내어 함께 읽은 뒤 부모가 책에 소개되어 있는 '보충 설명'을 쉽게 풀어 주어도 좋다. 아직은 듣기 능력이 읽기 능력보다 더 발달한 까닭에 읽어 줄 때 더 잘 이해한다.

③ 한자의 뜻을 함께 알려 준다

한자의 뜻과 소리가 같이 소개되어 있어 한자 지도를 병행할 수 있다. 한자의 뜻을 알면 한문으로 된 구절을 좀 더 쉽게 이해할 수 있다. 한자의 뜻을 설명해 주되, 한자 교육이 주가 되지 않도록 유의해야 한다. 한자에 대한 부담감이 오히려 책 읽기를 방해할 수도 있기 때문이다.

④ 부모에 대한 존경심을 일깨워 주는 기회로 삼는다

시대는 바뀌어도 사람들이 살아가는 데 필요한 규범이나 도덕은 변하지 않는다. 오히려 시대가 바뀐 탓에 더욱 강조해서 가르쳐야 할 규범이 생긴다. 그 대표적인 것이 바로 '효孝'다. 형제자매가 한둘뿐이다 보니 부모에게 많은 관심과 사랑을 받아 온 요즘 아이들은 부모를 공경하는 마음이 부족하다. 아이가 최초로 경험하는 타인이자 가장 가까이 경험하는 타인인 부모를 공경하는 마음은 다른 사람과의 관계 형성에도 많은 영향을 끼친다. 무엇보다 부모가 자신에게 해주는 것들에 감사하며 부모의 마음을 헤아릴 줄 알게 된다면 자라면서 어긋난(잘못된) 행동을 하지 않을 것이다. 한 구절씩 읽은 뒤 의미와 실천 방법에 대해 서로 이야기를 나누어 보자.

활동 1　나의 실천

◆ 오늘 읽은 부분 중 가장 마음에 와 닿은 사자일구와 뜻을 적어 보세요.

_____

_____

_____

_____

◆ 위 사자일구를 선택한 이유를 자신의 행동에 비추어 적어 보세요.

_____

_____

_____

_____

◆ 오늘 읽은 내용을 앞으로 어떻게 실천할 수 있을지 적어 보세요.

누구에게 :
_____

무엇을 :
_____

어떻게 :
_____

◆ 『어린이 사자소학』에 "견선종지 지과필개見善從之 知過必改"라는 구절이 있습니다. "선을 보거든 그것을 따르고 허물을 알거든 반드시 고쳐라."라는 뜻입니다. 이 구절을 마음에 새기며 친구의 행동 중에서 배우고 싶었던 '선(착한 행동)'은 무엇이며, 고치고 싶은 자신의 '허물(나쁜 행동)'은 무엇인지 세 가지씩 적어 보세요. 그리고 생활 속에서 실천해 보세요.

배우고 싶은 선 (착한 행동)

1.

2.

3.

고치고 싶은 허물 (나쁜 행동)

1.

2.

3.

활동 2 **삼강오륜三綱五倫이란?**

◆ 삼강오륜을 적어 보세요.

삼강

1.

2.

3.

오륜

1.

2.

3.

4.

5.

◆ 위 삼강오륜 중 부위자강(父爲子綱, 자식은 부모를 정성껏 섬겨야 한다.)은 어버이와 자식 사이에 지켜야 할 도리를 말하고 있습니다. 『어린이 사자소학』에서 부위자강에 대한 구절을 10개 정도 찾아 적어 보세요.

제목	생명 앞에서 하찮은 존재란 없다 『파브르 곤충기 1』				
인성 교육 분야	생명 존중, 호기심, 관찰력, 인내심	추천 학년	초등 3, 4학년		
저자	장 앙리 파브르	역자	김진일	출판사	현암사

저자 및 책 소개

장 앙리 파브르는 1823년 남프랑스에서 가난한 농부의 아들로 태어났다. 어려서부터 자연에 관심이 많았으며 과학 분야에 뛰어난 재능을 보였다. 1849년 코르시카의 아작시오중학교 물리 교사로 부임하면서 고향과 다른 독특한 자연 경관과 동식물에 매료되어 곤충 연구에 관심을 갖기 시작했다. 우연히 곤충 생태에 관한 잡지를 읽은 것이 계기가 되어 『파브르 곤충기』를 쓰게 되었다. 31세에 본격적으로 곤충을 연구하기 시작했으며, 1879년부터 30여 년에 걸쳐 곤충과 식물, 동물을 관찰하고 연구한 내용을 바탕으로 총 10권의 책을 집필했다.

『파브르 곤충기』 10권 중 1권에는 곤충의 세계를 탐구하는 그의 열정이 잘 나타나 있다.

추천 이유

"철학자처럼 사색하고, 예술가처럼 관찰하고, 시인처럼 느끼고 표현하는 과학자"라는 번역자의 말에서도 알 수 있듯이 『파브르 곤충기』는 단순한 곤충 관찰기가 아니다. 때때로 연구에 실패하기도 하며 평생을 사랑하는 마음으로 곤충을 관찰한 그의 삶(곤충에 대한 열정, 끈기)을 동시에 엿볼 수 있다. 또한 곤충학자라는 이름보다 시인이자 철학자로 유명했던 그의 글을 따라가다 보면 곤충의 왕 사마귀, 들판의 청소부 소똥구리 등 다양한 곤충과 그 특징을 알 수 있고, 삶의 질서와 규율을 통해 생명의 소중함을 느낄 수 있다.

현재 출판되어 있는 수많은 책들 중 현암사의 책을 권한 이유는 재미있는 부분만 발췌해 엮은 요약본으로는 이 책의 진정한 감동과 재미를 느끼기 힘들기 때문이다. 이 책은 곤충학을 연구한 김진일 교수가 번역하고, 파브르가 연구한 수십 종의 곤충을 쉽게 이해할 수 있도록 생태 사진가의 사진과 만화가의 일러스트를 구성해 전문성과 완성도를 끌어올렸다. 10권 중 한 권을 읽더라도 그 책의 깊이를 온전히 느낄 수 있을 것이라고 생각한다.

권해 주고 싶은 구절

• 들판은 우리가 보고 싶은 것들을 언제나 보여 주었다. 반짝이는 은빛 비늘로 몸을 감쌌던 큰가시고기가 막 몸단장을 끝내자 턱 밑과 앞가슴은 밝은 주홍색으로 물든다. 이 가시고기에게 굵고 검은 검은말거머리가 엉큼한 심보로 다가온다. 그러면 등과 가슴지느러미의 가시를 마치 용수철이 튀기듯 갑자기 쫙 펼친다. 이렇게 단호한 기세를 보이자 노상강도는 멋쩍은 태도로 슬그머니 물풀 사이로 미끄러져 든다.

- 나는 나날이 변해 가는 번데기 색깔에 호기심이 생겼다. 풍부한 물감의 팔레트인 태양 광선이 이들의 색깔 변화에 어떤 영향을 주는지도 알고 싶었다. 그래서 고치에서 번데기 몇 마리를 꺼내 유리관에 옮겼다. 몇 개는 자연 상태처럼 완전히 어둡게 하여 대조군으로 삼았다. 다른 것들은 흰 벽에 걸쳐서 하루 종일 강한 햇볕을 쪼였다. 그렇게 조건이 전혀 달랐어도 색의 변화는 양쪽이 모두 같았다. 가끔 약간의 차이가 생길 때도 있으나 햇볕을 받은 쪽의 색이 더 약했다. 식물은 빛에 의해 큰 변화가 일어나지만, 곤충의 착색은 빛과 무관하며 촉진도 없었다.

- 곤충의 연구에도 행운은 참으로 변덕스럽다. 그것을 쫓다 보면 알게 된다. 정말 그렇게도 만나기 힘들어서, 잊어버리자고 포기할 때쯤 다가와 문을 두드린다. 조롱박벌이 민충이 잡는 것을 보려고 얼마나 허탕을 쳐가며 이리저리 뛰어다녔는지, 전혀 소득 없는 일로 얼마나 고생을 했던지!

- 본능은 어떤 일을 위해 마련된 궤도에서는 그 안의 모든 것을 매우 잘 안다. 따라서 궤도 밖으로 벗어나는 일이 전혀 없고, 모든 일을 아주 잘 수행한다. 하지만 어쩌다가 이 궤도를 벗어나면 아는 것이 전혀 없다. 어느 행위를 일으킨 조건이 정상적이든, 우연적이든 동물은 하늘로부터 지혜의 극치인 영감, 반면에 놀라울 만큼 비합리적으로 앞뒤가 꽉 막힌 무식의 극치, 즉 지혜와 무지를 한꺼번에 물려받았다.

읽는 방법

① 책 속의 삽화, 사진, 일러스트를 먼저 살펴본다

생생한 곤충 사진과 상상력을 불러일으키는 일러스트, 곤충 그림이 전문가의 솜씨로 멋지게 펼쳐져 있다. 책을 본격적으로 읽기 전에 삽화를 살펴보면서 곤충에 대한 흥미를 높여 보자.

② 생소한 곤충이 많이 나오므로 우리나라 곤충을 소개한 책도 나중에 읽어 보게 한다

외국 자연환경을 배경으로 한 만큼 생소한 곤충이 많이 나오므로 책 속의 동식물 사진과 생태 특성에 대한 설명 그리고 파브르가 연구한 곤충 세밀화를 자세히 참고한다. 그리고 나중에 우리나라 곤충을 소개한 책도 읽어 보게 한다.

③ 상상력과 호기심을 최대한 끌어내어 읽게 한다

곤충 세계에 대한 다채롭고 흥미진진한 이야기가 가득 담겨 있다. 아이의 상상력과 호기심을 끌어내어 내용의 이해를 돕고 즐길 수 있도록 도와주자. 부모가 곤충에 대한 설명을 읽어 주면 아이가 이를 듣고 곤충의 모습을 그려 보거나 부모가 아이를 도와 함께 곤충 백과사전을 만들어 보는 것도 좋겠다.

④ 필사를 하게 한다

『파브르 곤충기』는 문학적인 표현과 사색이 돋보이는 관찰기로, 필사할 것을 권하고 싶다. 예리하게 관찰하고 세심하게 표현한 곤충의 생태 비밀을 필사함으로써 생명에 대한 가치를 저절로 깨닫게 됨과 동시에 재미와 감동을 배로 느낄 것이다.

활동 1 나도 곤충학자!

◆ 내 주위에 있는 곤충들을 관찰해 그려 보고 관찰 일기를 적어 보세요.

관찰한 곤충 이름 :

관찰한 날짜와 장소 :

관찰한 곤충을 그림으로 그려 보세요.

생명 존중의 마음을 담아 곤충 관찰 일기를 적어 보세요.

활동 2 곤충은 소중해!

◆ 이 책에 나온 곤충들을 통해 새로운 사실이나 곤충의 지혜를 알 수 있습니다.
 여러 곤충에게 배운 지혜를 어떻게 활용할 수 있을지 정리해 보세요.

곤충 이름	곤충의 특징	곤충에게서 배운 새로운 지혜

제목	인종 차별이 가져온 끔찍한 역사의 비극 『안네의 일기』				
인성 교육 분야	배려(공감, 감정이입, 연민), 인내, 포용		추천 학년	초등 3, 4학년	
저자	안네 프랑크	편자	한상남	출판사	지경사

저자 및 책 소개

안네 프랑크는 1929년 독일 프랑크푸르트암마인에서 태어난 유대인 소녀다. 반유대주의, 백색인종지상주의, 제국주의 사상을 기초로 한 나치스의 아돌프 히틀러가 정권을 장악한 뒤 유대인을 심하게 박해하기 시작하자 1933년 프랑크 가족은 네덜란드로 이주했다. 이듬해부터 상황이 점점 나빠지고 제2차 세계대전의 위험은 커져 갔지만 안네는 암스테르담에서 행복한 어린 시절을 보냈다. 그러나 1940년에 독일이 네덜란드를 점령하면서 유대인을 검거해 국외로 추방하는 등 심한 탄압이 시작되었다.

안네는 나치스의 박해를 피해 은신처에서 숨어 지내는 2년 동안 외로움을 견디며 『안네의 일기』를 썼다. 1944년 은신처가 발각되면서 안네는 유대인 강제수용소인 폴란드 아우슈비츠로 보내졌고, 1945년 베르겐벨젠 수용소로 이송된 후 16세의 나이로 목숨을 잃었다. 그 뒤 가족 중 유일하게 살아남은 안네의 아버지가 은신처를 다시 찾았고, 안네의 가족을 돌보아 주었던 사람들에게서 안네의 일기장을 건네받음으로써 세상에 알려지게 되었다.

추천 이유

유네스코 세계기록유산으로 지정된 책이자, 전 세계 65개 언어로 번역, 출판되어 세계적으로 가장 많이 읽힌 열 권의 책 가운데 하나다.

독일군을 피해 은신처에 숨어 지내면서 느낀 외로움으로 시작된 일기 속에는 사춘기 소녀의 마음, 소녀의 눈으로 바라본 시대 상황, 나치스의 만행 등이 어린 소녀의 문장이라고 보기 어려울 만큼 성숙하게 그려져 있다. 안네에게 공감과 연민의 감정을 갖게 하는 한편 나와 비슷한 또래의 아이가 참담하기까지 한 당시의 시대 상황에서도 희망을 품는 모습은 스스로를 돌아보게 한다.

역사와 타인에 대한 관심이 바탕을 이루고 있어야 더욱 깊이 있게 읽고 공감할 수 있는 만큼 초등 중학년 이상의 아이들이 읽기에 알맞다. 중학년 시기에 고전읽기를 시작하려는 아이들에게 가장 먼저 권하고 싶은 책이기도 하다.

권해 주고 싶은 구절

• "종이는 사람보다 인내심이 있다."라는 말이 있지. 어느 날 문득 이 말이 떠올랐지 뭐야. 그래, 종이가 인내심이 있다는 건 확실해. 진정한 친구를 만날 때까지는 일기를 누구에게도 보여 주지 않을 거야. 겉장에 '일기'라고 쓰인 이 노트에 무엇을 쓰든 눈여겨보는 사람은 없을 거야.

내가 일기를 쓰기 시작한 이유는 내게는 진정한 친구가 없기 때문이란다. 이 세상 사람들은 아무도 열세 살짜리 여자애가 스스로 외톨이라고 느낀다는 걸 모를 거야. 아니, 실제로 외톨이라고 해도 믿지 않을 거야.

• 나를 가장 두렵게 만드는 건 저녁과 밤의 고요함이야. 우리를 도와주는 사
람들 중 한 명이라도 밤에 이곳에서 함께 잤으면 좋겠어.
밖에 나갈 수 없는 게 얼마나 숨 막히는 일인지 아니? 게다가 나는 우리가
발각되고 총살당할까 봐 너무 무서워. 그래서 낮 시간에도 소곤거리며 말해
야 해. 자칫하면 물품 창고에서 일하는 사람들이 우리들의 소리를 듣게 될
수도 있거든.

• 지난주에는 아래층에서 하루 종일 배관 공사를 하는 바람에 우리는 화장실
을 쓸 수가 없었단다. 하는 수 없이 큰 유리병을 요강으로 사용해야 했어.
정말 불편한 일이었지.
하지만 난 그런 것보다도 낮 동안에는 떠들 수도 없고, 마음대로 걸어 다닐
수 없는 게 제일 괴로워. 할 말이 있으면 소곤거려야 하고, 고양이처럼 살금
살금 걷는 걸 내가 얼마나 괴로워하는지 상상할 수 있겠니?

• 영국의 라디오방송에서는 이곳에서 유대인을 독가스로 살해한다는 보도가
있었어. 그게 가장 빨리, 그리고 손쉽게 죽이는 방법이라고 보나 봐.
미프에게서 그런 이야기를 듣는 동안 나는 무서워서 꼼짝도 할 수 없었
어. 미프도 그 일에 대해 우리처럼 가슴 아파하고 있었어.

• 나를 화나게 하는 건 날마다 터무니없는 온갖 경멸과 비난을 감수해야 한다

는 거야. 그런 것들은 내게 화살처럼 박혀서 너무 아파.

• 나는 요즘 기분이 우울하고 식욕이 없어졌어. 사람들이 걱정할 정도로 먹지를 못해. 숨 막힐 듯한 두려움으로 온몸이 녹초가 되곤 해. 우리는 포도당, 간유, 효모, 칼슘제 등도 먹으면서 모두들 최대한 건강을 지키기 위해 노력하고 있어.
하지만 어쩔 수 없이 우울하고 무기력해질 때가 있어. 집안의 공기는 무겁기 짝이 없고, 침묵조차도 숨이 막힐 듯이 두려워져. 마치 어둠 속에 갇혀서 날개를 파닥이고 있는 작은 새가 된 기분이야.

• 이곳에 사는 우리 여덟 명은 먹구름에 둘러싸인 하늘과 같다는 생각이 들어. 주위의 먹구름이 시시각각 조여 오고 있는 것만 같아. 우리는 위험과 어둠에 완전히 포위된 채로 살길을 찾으려 몸부림을 치는 거야. 내가 할 수 있는 일은 그저 기도뿐이야.

• 내 마음속에는 그리움이 가득해. 누군가와 이야기를 하고 싶고, 자유가 그립고, 친구가 그립고, 혼자만의 시간이 필요해. 무엇보다도 마음껏 울어 보고 싶어. 하지만 마음뿐이야.

• 나는 이따금 우울할 때도 있지만 절망에 빠지지는 않아. 위험하고 답답한 생활 속에서도 낭만을 찾고, 일기를 쓸 때면 그 고통마저도 재미있게 그리려고 애써 왔어. 나는 나날이 내가 정신적으로 성장해 가는 것을 느껴. 모든

것이 너무나 아름답다는 것을 알고 있는 한 절망할 일은 없다고 생각해.

읽는 방법

① 먼저 시대적 배경을 알게 한다

이 글은 제2차 세계대전 당시 독일의 히틀러가 유대인 학살을 자행하던 시기에 쓰였다. 유대인인 안네의 가족은 네덜란드 사람들의 보호를 받으며 은신처에서 몇 해를 견디다 결국 발각되어 아우슈비츠 강제수용소에 갇히게 된다. 어린 소녀 안네가 겪었던 이런 시대적 배경을 알고 읽으면 더욱 이해하기 쉽고 공감할 수 있다.

② 안네의 심리 변화에 주목하며 읽도록 한다

은신처에서 숨어 사는 동안 안네는 많은 심리 변화를 경험한다. 전쟁에 대한 두려움, 이성 친구에 대한 고민, 부모님과 은신처에서 함께 지내는 사람들과의 갈등, 그리고 무엇보다 자기 자신에 대한 혼란스러움과 끝까지 놓지 않는 희망을 엿볼 수 있다. 이런 안네의 심리에 주목하며 읽게 한다.

③ '내가 안네였다면' 안네의 입장이 되어 읽도록 한다

책의 주인공에게 감정이입을 하는 것에서 더 나아가 '나라면 어떻게 행동했을지, 나라면 어떤 생각을 했을지' 안네와 자신을 비교해 보게 한다.

④ 소리 내어 읽도록 한다

소리 내어 읽으면 안네의 마음을 더욱 실감할 수 있다. 또한 눈으로 보고 입으로 소리 내어 다시 자신의 귀로 듣는 과정에서 전두엽이 활성화되어 뇌가 자극받는다. 실제로 음독 후 기억력이 묵독에 비해 20퍼센트 더 높다고 한다. 음독을 하면 주의력과 집중력이 높아져 오래 기억할 수 있고 읽기 능력도 향상된다. 시간을 정해 놓고 릴레이식으로 한 명씩 낭독해 보자.

활동1   만약 나라면……

◆ 오늘 읽은 부분 중 가장 마음에 와 닿은 문장을 적어 보세요.

◆ 위 문장을 적은 이유나 위 문장을 읽었을 때의 느낌을 적어 보세요.

◆ 1944년 4월 11일 일기를 보면 아래와 같은 내용이 나옵니다. 만약 내가 안네
  라면 끝까지 살아남았을 때 어떤 삶을 살아갈지 적어 보세요.

만약 끝까지 살아남을 수 있다면, 나는 결코 하찮은 인간으로 살지는 않을 거야. 반드시 사
람들에게 도움이 되는 일을 하면서 살 거야. 그러기 위해서는 힘을 내서 살아남아야 해.

활동 2 안네의 마음 상상하기

◆ 유대인을 탄압하는 포고령이 계속 발표되면서 유대인들은 많은 차별을 당했습니다. 어떤 차별을 겪었는지 가장 기억에 남는 것을 적어 보고, 이때 안네의 마음은 어땠을지 상상해서 적어 보세요.

차별 내용	안네의 마음 상상하기
•	•
•	•
•	•
•	•

◆ 『안네의 일기』에는 사춘기 소녀 안네의 마음이 담겨 있습니다. 오랜 은신처 생활로 답답하고 힘들었던 안네는 부모의 반대에도 불구하고 남자 친구 페터와 많은 대화를 나누며 외로움을 이겨 냈습니다. 여러분도 힘든 상황에서 자신에게 힘을 주는 사람이나 그 어떤 것이 있나요? 있다면 그것이 왜, 언제 힘이 되었는지 적어 보세요.

제목	진정한 '선과 악', '사랑과 용서'의 정의 『장 발장』				
인성 교육 분야	선악에 대한 판단, 용서, 박애		추천 학년	초등 3, 4학년	
저자	빅토르 위고	역자	신윤덕	출판사	삼성출판사

저자 및 책 소개

빅토르 위고는 19세기 프랑스 문학의 모든 장르에서 두각을 나타내며 왕성하게 작품 활동을 한 소설가이자 시인, 극작가다. 가장 대표적인 작품은 『노트르담 드 파리』다. 그는 줄곧 가난한 약자의 편에 서서 자유민주주의를 부르짖었다. 1851년 나폴레옹 3세가 쿠데타를 일으켜 제정帝政을 수립하려고 하자 이를 반대해 프랑스를 떠나 망명의 길에 올랐다. 무려 19년 동안 망명 생활을 하면서 글을 썼는데, 그중 대표적인 장편소설이 『장 발장』이다. 원제목 '레 미제라블'은 '불쌍한 사람들'이라는 뜻으로, 당시 시대적인 혼란 속에서 불행을 겪던 억눌린 계층에 대한 애정을 담고 있다.

추천 이유

추위와 배고픔에 시달리는 어린 조카들을 위해 빵을 훔치다 잡히는 장면으로 시작되는 탄탄한 이야기는 초등 중학년 이상의 아이라면 재미와 감동을 느끼기에 충분하다.

이 책에는 다양한 등장인물이 나온다. 그들의 성격, 행동, 사건을 짚어 가며 읽다 보면 '어떤 행동이 선이고 악인지' 헷갈리게 된다. 숱한 역경을 헤쳐 나가는 장 발장의 삶을 통해 그려진 시대적 상황에 대해서도 고민해 볼 수 있을 뿐 아니라, 유일하게 그를 받아 준 미리엘 신부, 불행한 여인 팡핀느와의 이야기를 통해 사랑과 용서, 그리고 박애 정신에 대해서도 생각해 보게 해주는 더없이 훌륭한 책이다.

권해 주고 싶은 구절

• 사나이는 배낭을 짊어지고 말없이 음식점을 나왔다. 거리는 어두웠고, 은행잎이 바람에 휘날리고 있었다. 인적이 드문 거리를 터덜터덜 걷던 사나이는 걸음을 멈추고 커다란 은행나무 아래에 가만히 앉았다. 입술은 파르르 떨리고, 눈에서 한 줄기 눈물이 주르륵 흘러내렸다.
사나이는 주머니에서 노란색의 작은 종이를 꺼냈다. 그것은 다름 아닌 전과자들만 들고 다니는 통행증이었다. 사나이는 통행증을 한참 동안 바라보다가 눈을 감았다.

• 경찰들에게 붙잡혀 이곳에 끌려오면서 그는 이제는 죽을 때까지 감옥에 갇혀 살 수밖에 없다고 생각하고 있었다.
신부는 사랑이 가득한 눈으로 장 발장을 바라보면서 그의 두 손을 따뜻이 잡아 주었다. "그만 갈 길을 가십시오. 부디 착하게 바르게 살면서 사랑을 베풀 줄 아는 사람이 되기를 바라겠소. 당신을 위해 기도하겠소."

장 발장은 말없이 눈물을 흘렸다.

- 마들렌은 가만히 앉아 생각에 잠겼다. 자신과 생김새가 닮았다는 이유 하나로 샹 마티유라는 사람이 평생 감옥에서 살아야 한다고 생각하니 가슴이 무너졌다.
  '어떻게 해야 하나. 모른 체하고 마들렌으로 살아갈 것인가, 아니면 진실을 밝혀 그를 구할 것인가…….'
  시청에서 나온 마들렌은 무작정 걸었다. 어떻게 해야 할지 판단이 서지 않았다. 자신의 신분을 밝히고 죗값을 치르는 일도 물론 두려웠다. 하지만 그보다는 내일 아라스로 가서 재판을 받는다면 팡틴느에게 한 약속을 지키지 못할 것이 더 걱정이었다.

- "재판장님, 저는 지금 진실을 말하고 있습니다. 저는 감옥에서 나와 열심히 살고 있었습니다. 하지만 세상은 저를 받아 주지 않았습니다. 장 발장이라는 이름으로는 이 사회에서 살아갈 수 없다는 것을 깨닫고, 마들렌이라는 거짓 이름으로 살아왔습니다. 저는 이 사회에서 착하고 밝은 사람들과 함께 살고 싶었습니다. 다시 감옥으로 들어가고 싶지 않았습니다. 하지만 진실을 숨기고 저 대신 다른 사람이 저의 죗값을 치르게 할 수는 없었습니다."

- 장 발장은 편지를 주머니에 넣었다. 그러나 어찌 된 일인지 우울한 기분을 떨쳐 버릴 수가 없었다. 그 청년이 죽으면 코제트가 얼마나 슬퍼할까 생각하니 마음이 무거웠다.

장 발장은 코제트의 진정한 행복이 무엇인지 곰곰이 생각했다. 오랜 생각 끝에 그는 코제트에게는 자신의 사랑 말고도 청년의 사랑도 필요하다는 것을 깨달았다.

그는 청년을 구해야겠다고 결심했다. 그것이야말로 코제트에 대한 진정한 사랑이라고 여겼다. 그렇게 생각하자 마음이 편안해졌다.

• 자베르는 강변을 따라서 천천히 걸었다. 노트르담 다리까지 온 그는 다리의 난간을 잡고 가만히 서서 흐르는 강물을 바라보았다.

자베르는 몹시 괴로웠다. 그는 지금까지 자신이 맡은 업무에만 최선을 다하며 살아온 사람이었다. 사람을 용서한다는 것, 사랑한다는 것은 생각하지 못했는데, 그것을 장 발장이 깨닫게 해준 것이었다. 그뿐만 아니라 자신의 목숨까지 구해 주었다.

자베르는 장 발장을 용서하고 싶었다. 그러나 자신의 직업을 생각해 보면 그는 장 발장을 체포해야 했다.

'법을 지키는 형사로서 장 발장을 체포해야 하는가, 그를 용서해야 하는가……'

그는 해가 지도록 흐르는 강물만 바라보고 있었다.

• 며칠 뒤, 장 발장은 페르 라세즈 묘지의 한구석에 묻혔다. 그가 묻힌 묘지 앞의 비석에는 이름도 없이 다음과 같은 글이 새겨져 있었다.

힘겨운 삶을 살면서도 희망과 용기를 잃지 않은 사람, 그가 여기 잠들었네. 불행한 사람을 위해 자신을 희생하며 속죄의 길을 걸어온 사람, 이곳에 고이 잠들었네.

① 주인공인 장 발장의 심리 변화에 유의하며 읽게 한다

이 책에는 장 발장의 심리 변화가 섬세하게 묘사되어 있다. 장 발장은 어린 나이에 고아가 된 조카들을 키우면서 연민의 정을 느끼고, 감옥에서 나온 뒤에는 미리엘 신부가 보여 준 호의에 감사와 따뜻함을 느낀다. 결국 사회에 대한 복수심을 버리기로 마음먹는데, 이러한 장 발장의 심리 변화에 유의하며 읽다 보면 도덕적 성찰을 꾀할 수 있다. 문제 해결 능력도 기를 수 있다.

② 등장인물의 성격과 행동, 사건을 세심하게 파악하도록 한다

다양한 유형의 등장인물이 많이 나오므로 꼼꼼하게 읽지 않으면 줄거리의 흐름을 놓치기 쉽다. 등장인물들의 성격과 행동, 그리고 사건과 사건과의 관계를 세심하게 파악하며 읽도록 해야 한다.

③ 장별로 인물을 정해 대사만 읽어 본다

이 책은 다른 책에 비해 등장인물들의 대사가 많은 편이다. 이러한 특징을 활용해 가족이 서로 역할을 나누어 대사만 읽어 본다. 읽기의 새로운 재미를 선사함과 동시에 줄거리 파악에도 도움이 될 것이다.

④ 감정 흐름에만 주목해 다시 읽도록 한다

다채로운 전개와 수많은 등장인물로 처음 읽을 때는 줄거리 파악도 벅찰 수 있다. 따라서 한 번 더 읽어 보게 하는데, 이번에는 등장인물들의 감정에 주목하게끔 하자. 입장, 상황에 따라 '선'이 달라지는 것을 느끼게 되며, 깊이 있게 읽는 것이 가능해진다. 자연히 공감 능력과 이해력, 사고력이 향상된다.

⑤ 나라면 어떤 선택을 할지 생각해 보게 한다

장 발장은 많은 선택의 순간에 놓이게 된다. '나라면 어떤 선택을 할지, 무엇이 옳은 선택일지' 장 발장의 선택과 비교해 가며 생각해 보게 한다.

활동 1 생각 나누기

◆ 일거리가 없는 겨울철, 장 발장은 일곱 명이나 되는 조카들을 먹여 살리기 위해 어쩔 수 없이 빵 한 조각을 훔치다 잡혔습니다. 장 발장이 빵을 훔친 행동에 대해 어떻게 생각하는지 적어 보세요. 죄를 받아 마땅했을까요?

_____

_____

_____

_____

◆ 미리엘 신부는 장 발장에게 호의를 베풀고 잘못을 덮어 주었습니다. 다른 사람의 잘못을 보았을 때 나는 어떻게 행동했는지 쓰고, 그렇게 행동한 이유를 적어 보세요. 또 그러한 결정의 장점과 단점은 무엇인지 적어 보세요.

다른 사람의 잘못을 보았을 때 어떻게 행동했나요?

그렇게 행동한 이유	좋은 점과 나쁜 점

활동 2 편지 쓰기

◆ 장 발장은 자베르 형사에게 쫓기는 신세이지만, 마들렌이라는 이름으로 살아
가면서 팡틴느의 딸을 키웠습니다. 아름다운 숙녀로 성장한 코제트에게 사랑
하는 사람 마리우스가 생기자, 그에게 아래와 같이 고백했습니다. 장 발장에게
어떤 말을 해주고 싶은지 생각해 보고, 응원 또는 조언의 편지를 적어 보세요.

장 발장은 담담하게 그동안의 일을 마리우스에게 이야기했다. 빵 한 조각 때문에 감옥에
들어간 일, 코제트를 몽페르메유 여인숙에서 데려다 지금까지 키운 일 등을 말했다.
"그런데 굳이 그런 말씀을 제게 하시는 이유가 무엇입니까?"
"그건 더 이상 내 양심을 속이고 거짓말을 하고 싶지 않기 때문이야. 나는 법이라든지 세상
사람들로부터 용서를 받고 싶은 생각은 별로 없다네. 단지 내 양심을 더 이상 속이고 싶지
않을 뿐이야."

제목	지혜가 가득한 동양 최고의 책 『채근담』				
인성 교육 분야	올바른 생활 습관, 바른 성품	**추천 학년**	초등 5, 6학년		
저자	홍자성	**역자**	김성중	**출판사**	홍익출판사

저자 및 책 소개

『채근담』은 명나라 말의 문인 홍자성이 쓴 책이다. 홍자성은 일찍이 양신을 스승으로 섬겼고, 우공겸 등과 교류했다는 것 말고는 알려진 사실이 거의 없다. 국고는 바닥나고 권력은 부패하는 등 멸망의 기운이 가득하던 시대에 살면서도 참된 사람의 길을 모색하고, 그 깨달음을 『채근담』 한 권에 담았다. "서양에 『탈무드』가 있다면 동양에는 『채근담』이 있다."라는 말이 있을 정도로 『채근담』에는 삶을 지켜 나갈 수 있는 지혜가 담겨 있다. 책 제목은 중국 송나라 학자 왕신민이 쓴 『소학』의 "인상능교채근즉백사가성人常能咬菜根卽百事可成", 즉 "사람이 항상 나물 뿌리를 씹을 수 있다면 모든 일을 다 해낼 수 있다."라는 말에서 따온 것이다.

전집과 후집으로 구성되어 있는데, 전집에서는 주로 벼슬길에 나가 사람들과 교류하며 자신을 지키는 방법을 이야기했고, 후집에서는 자연 속에서 한가롭게 지내는 즐거움을 표현했다.

『채근담』은 삶의 교훈을 담은 동양 최고의 고전으로 널리 읽혀 왔다. 이 책은 '몸과 마음을 닦는다'라는 의미로 '수신서修身書'라고도 한다.

초등 고학년이 되면 부모와 '심리적인 이유기離乳期', 즉 사춘기가 시작되기에 부모의 가르침을 잔소리로 받아들이기가 쉽다. 반면에 아이는 성장하면서 수많은 어려움과 실패와 좌절을 경험한다. 그때마다 부모가 대신 문제를 해결해 줄 수는 없는 노릇이다. 아이 스스로 올바른 해결책을 강구할 수 있어야 한다. 『채근담』은 인문 고전으로 인간이 어떻게 살아가야 하는지에 대한 철학이 담겨 있다. 따라서 아이가 세상을 살아가는 데 필요한 마음 자세와 인생에 대한 바른 가치관을 갖도록 도와준다.

특히 날이 갈수록 경쟁이 치열해지고 돈과 권력이 최고의 가치로 군림해 가는 시대에서 『채근담』을 통해 바르게 중심을 잡는 지혜와 세상을 헤쳐 나갈 성품을 길러 주는 것은 아이에게 많은 도움이 될 것이다.

권해 주고 싶은 구절

- 귀에 거슬리는 충고더라도 항상 들을 줄 알고, 마음에 맞지 않는 일이더라도 항상 간직한다면, 이것으로 덕을 증진시키고 행동을 닦는 숫돌은 될 것이다. 그러나 만약 들리는 말마다 귀를 즐겁게 하고 하는 일마다 자신의 마음에만 맞게 잘 된다면, 이것은 자신의 일생을 짐새의 독 속에 파묻는 것이다.

- 책을 읽으면서도 성현의 참모습을 보지 못하면 그저 글자나 베껴 쓰는 하인

밖에 되지 못하고 (…중략…) 학문을 연마하면서도 실천을 중시하지 않으면 공허한 빈말이 될 뿐이고 업적을 세우고도 은덕 베풀 것을 생각지 않으면 눈앞에서 잠깐 피었다 시들어 버리는 꽃이 될 뿐이다.

• 심성이 맑고 깨끗하면서도 남을 포용할 줄 알고, 마음이 어질면서도 일에 대해서는 과감한 결단을 내릴 수 있으며, 지혜가 총명하면서도 까다롭게 살피지 않고, 행동은 강직하면서도 다른 사람의 잘못을 지나치게 따지지 않는다면, 이른바 꿀을 바른 음식이 지나치게 달지 않고 해산물이 지나치게 짜지 않은 것이니, 이것이 바로 아름다운 덕이다.

• 일이 여의치 않을 때에는 나보다 못한 사람을 생각하라. 그리하면 하늘을 원망하고 남을 탓하는 마음이 저절로 사라질 것이다.
마음이 게을러질 때는 나보다 나은 사람을 생각하라. 그리하면 정신을 가다듬어 분발할 수 있을 것이다.

읽는 방법

① 한 구절씩 곱씹어 읽도록 한다

『전집 채근담』과 『후집 채근담』으로 356조로 구성되어 있으나 한 편당 구절이 짧아 아이도 부담 없이 읽을 수 있다. 한 구절씩 그 의미를 곱씹어 읽을 때 책에 담긴 지혜를 내 것으로 만들 수 있다.

하루에 조금씩 나누어 읽게 한 뒤 가장 기억에 남거나 이해가 안 되는 구절이 있다면 함께 이야기를 나누어 보는 것도 좋은 방법이다. 아이가 스스로 고민해 본다면 더없이 좋겠지만, 생각하는 일만큼 번거롭고 귀찮은 것도 없다. 대화를 통해 자연스럽게 생각을 발전시켜 나가는 기회를 만들어 보자.

② 순서 상관없이 자유롭게, 받아들이기 힘든 구절은 건너뛴다

순서가 있는 이야기가 아니므로 순서에 얽매이지 말고 한 편씩 골라 읽어도 무방하다. 항상 곁에 두고서 틈날 때마다 읽으면 자신의 행동이나 말, 생각 등을 돌아볼 수 있어 인성 교육에 많은 도움이 될 것이다. 재미없고 지루하게 느낄 수 있으므로, 아이 스스로 알아서 읽게 하기보다는 읽는 시간을 정해 놓는 것이 좋다.

유교, 도교, 불교의 사상이 융합되어 있어 아이가 다소 받아들이기 힘들어할 수 있다. 그런 부분들은 억지로 이해시키려 하기보다 건너뛰어도 괜찮다. 책 읽는 기간을 길게 잡아 천천히 읽는 것도 좋은 방법이다.

③ 마음에 와 닿는 문장을 필사하게 한다

마음에 와 닿는 문장을 필사하면 깨닫는 데 그치지 않고 깊이 새기게 되는 장점이 있다. 필사를 하는 동안 한 번 더 문장의 의미를 되새길 수 있다.

④ 부모가 미리 주석을 꼼꼼하게 읽어 본다

부모의 설명이 필요한 구절들이 있으니 낱말이나 문장의 뜻을 쉽게 풀이한 주석을 미리 꼼꼼하게 읽어 본다. 주석은 아이가 읽기에는 너무 어렵다. 부모가 미리 읽어 보고 필요한 부분만 간추려 설명해 주도록 하자.

활동 1   나는 필사왕!

◆ 오늘 읽은 부분 중 가장 마음에 와 닿은 구절을 필사하고 그 이유에 대해 적어 보세요.

_____

_____

_____

_____

◆ 가족이나 친구에게 위 필사한 내용을 읽어 주세요. 그리고 가족이나 친구가 어떤 말을 했는지, 어떤 반응을 보였는지 적어 보세요.

_____

_____

_____

_____

◆ 위 필사한 구절과 관련해 어떻게 실천할 수 있을지 적어 보세요.

_____

_____

_____

_____

『채근담』을 읽었더라면?

◆ 『채근담』에는 사람이 살아가는 데 필요한 지혜가 가득 담겨 있습니다. 그런데 신문 기사나 방송 뉴스를 보면 사람으로서 해서는 안 될 일들이 일어나고 있습니다. 이 러한 안타까운 사건들 중 인상 깊은 것 하나를 골라 프린트해서 붙여 보세요.

◆ 위 안타까운 사례의 주인공에게 권하고 싶은 구절을 적어 보세요.

_____

_____

_____

제목	진정한 자아 찾기 『꽃들에게 희망을』				
인성 교육 분야	자아 정체성, 소통(관점의 변화), 희망, 용기		추천 학년	초등 2학년	
저자	트리나 폴러스	역자	김석희	출판사	시공주니어

저자 및 책 소개

이 책의 저자인 트리나 폴러스는 국제여성운동단체인 '그레일The Grail' 회원으로, 공동 농장에서 일하기도 했다. 현재는 유기농업으로 재배한 식품의 우수성을 선전하는 소규모 환경 센터를 운영하고 있다.

폴러스의 대표작 『꽃들에게 희망을』은 1972년 출간된 이후 40여 년이 지난 지금까지 전 세계인의 마음을 울리고 있다. 저자는 호랑 애벌레와 노랑 애벌레를 통해 자신의 참모습을 찾아가는 과정을 그렸다. 단순히 먹고 마시는 것 이상의 무엇을 원했던 두 마리 애벌레는 모험을 떠나고, 거대한 기둥과 마주하게 된다. 그 기둥을 올라갈 것인가, 내려갈 것인가? 이 선택지를 마주한 애벌레들은 과연 어떤 선택을 했을까?

추천 이유

151쪽 분량으로, 비교적 글밥이 적고 그림이 실려 있어서 얼핏 그림책처럼 보여서인지 아이들이 부담 없이 읽는 고전 가운데 한 권이다. 그러나 두 애벌레의 흥미진진한 모험 속에 담긴 내용은 대단히 심오하다. 부제가 왜 '삶과 진정한 혁명에 대한, 그러나 무엇보다도 희망에 대한 이야기'인지, 제목이 왜 '꽃들에게 희망을'인지를 깨달으려면 곱씹어 읽는 시간이 필요하다.

애벌레가 나비가 되려면 단단한 고치 속에 들어가야 하듯이 어려움 없이는 아름다운 삶을 만들 수 없다. 시행착오를 겪으며 두 애벌레는 더 나은 삶이란 꼭대기에 올라가는 것이 아니라 자신의 참모습, 즉 진정한 자아를 발견하는 것임을 깨닫는다. 경쟁하기만 할 때는 지치고 힘들지만 고치에서 나온 나비는 꽃들의 희망이 된다.

우리 아이들은 어릴 때부터 남에게 뒤처지지 않기 위해, 조금이라도 앞서가기 위해 학원을 전전한다. 이 책은 우리가 살아가는 이유가 다른 사람과 경쟁해 이기기 위해서가 아니라 자신의 잠재 능력을 발휘해 세상을 아름답게 하기 위해서임을 말해 주고 있다. 관점을 조금만 바꾸어도 다른 사람과 훨씬 더 행복하게 소통할 수 있고 새로운 삶을 찾아갈 수 있음을 깨닫게 한다.

권해 주고 싶은 구절

• 그저 먹고 자라는 것만이 삶의 전부는 아닐 거야. 이런 삶과는 다른 무언가가 있을 게 분명해. 그저 먹고 자라기만 하는 건 따분해.

• 나비는 미래의 네 모습일 수도 있단다. 나비는 아름다운 날개로 날아다니

면서, 땅과 하늘을 연결시켜 주지. 나비는 꽃에서 꿀만 빨아 마시고, 이 꽃에서 저 꽃으로 사랑의 씨앗을 날라 준단다.

• 날기를 간절히 원해야 돼. 하나의 애벌레로 사는 것을 기꺼이 포기할 만큼 간절하게.

• 변화가 일어나는 동안, 고치 밖에서는 아무 일도 없는 것처럼 보일지 모르지만, 나비는 이미 만들어지고 있는 것이란다. 다만 시간이 걸릴 뿐이야!

• 늙은 애벌레가 말했습니다.
"슬퍼하지 마라. 네가 나비가 되면, 날아가서 나비가 얼마나 아름다운지 호랑 애벌레에게 보여 줄 수 있어. 그러면 호랑 애벌레도 나비가 되고 싶어 할 거야."

• 호랑 애벌레는 새삼 깨달았습니다. 그동안 높이 오르려는 본능을 얼마나 잘못 생각했는지. '꼭대기'에 오르려면 기어오르는 게 아니라 날아야 하는 것이었습니다.

읽는 방법

① 삽화를 살펴보면서 내용을 짐작해 보게 한다
트리나 폴러스가 그린 삽화가 실린 아름다운 책이다. 처음에는 표지와

삽화를 보면서 내용을 짐작해 보는 것으로 시작하자. 내용에 대해 궁금증을 유발하고 상상력을 자극해 읽기 동기가 된다.

② 역할 놀이를 하게 한다

글의 많은 부분이 노랑 애벌레와 호랑 애벌레의 대화로 이루어져 있다. 아이와 함께 역할을 정해 대사만 소리 내어 읽어 보자. 역할 놀이를 하면서 애벌레의 처지에 맞게 감정을 이입해 읽다 보면 자연스럽게 줄거리를 파악할 수 있다.

③ 노랑 애벌레와 호랑 애벌레의 선택과 결과에 주목해 읽게 한다

두 애벌레는 모두 더 나은 삶을 꿈꾸지만 서로 생김새도, 성격도, 색깔도 다른 만큼 원하는 삶에 다다를 때까지 서로 다른 가치관으로 다른 방법을 선택한다. 이러한 선택과 결과에 주목해 읽다 보면 진정 가치 있는 삶이란 무엇인지, 어떤 선택이 옳은 것인지 스스로 생각해 보는 기회를 가질 수 있다.

활동 1 **주제 토론하기**

◆ 주제: 노랑 애벌레와 호랑 애벌레 중 누구에게 배울 점이 더 많다고 생각하
　　　는지 적어 보세요.

나의 생각 :
_____

_____

그렇게 생각한 이유 :
_____

_____

_____

_____

◆ 주제: 꼭대기에 아무것도 없는 걸 알면서도 애벌레들은 이 사실을 알려 주지
　　　않았습니다. 나라면 어떻게 했을까요?

나의 행동 :
_____

_____

_____

그렇게 행동한 이유 :
_____

_____

_____

_____

◆ 다른 사람의 의견을 들어 보세요.

이름	주장과 이유
노랑 애벌레에게 배울 점이 많다고 생각하는 친구 (이름 :　　　　)	
호랑 애벌레에게 배울 점이 많다고 생각하는 친구 (이름 :　　　　)	

활동 2 깊이 읽기!

◆ 이 책에는 "나비가 없으면 꽃들도 이 세상에서 사라지게 돼."라는 말이 나옵니다. 이 말의 뜻은 무엇일까요?

◆ 이 책의 주인공인 노랑 애벌레와 호랑 애벌레는 성격이 다릅니다. 노랑 애벌레
는 한 번의 실패를 경험한 뒤 늙은 애벌레를 만나 자신은 나비가 되어야 한다는
깨달음을 얻고 마침내 나비가 됩니다. 즉 늙은 애벌레가 노랑 애벌레의 멘토가
된 것인데, 만약 호랑 애벌레도 멘토를 일찍 만났다면 어떻게 되었을지 자신의
생각을 적어 보세요.

_____

_____

_____

◆ 호랑 애벌레는 두 번째 애벌레 기둥을 기어올라 꼭대기에 다다랐을 때 실망과
분노를 느꼈습니다. 그 이유는 무엇일까요?

_____

_____

_____

활동 3 내가 바로 주인공!

◆ 내가 이 책의 주인공(노랑 애벌레 또는 호랑 애벌레)이 되었다고 생각하고 그동안
무언가를 이루기 위해 노력한 적이 있었는지, 그때 어떻게 했는지 나의 성격이
나 습관 등을 애벌레에 비유해서 적어 보세요.

_____

_____

_____

제목	아름다운 자연과 시정詩情이 넘치는 단편 소설 『별』				
인성 교육 분야	인간애, 사랑, 감성		추천 학년	초등 3, 4학년	
저자	알퐁스 도데	역자	최복현	출판사	인디북

저자 및 책 소개

알퐁스 도데는 남프랑스 출신으로, 두뇌가 명석해 리옹의 고등중학교에 입학했으나 가업이 파산하면서 중퇴하고 중학교 사환으로 근무했다. 그 뒤 형이 있는 파리에 가게 되면서 문학을 공부하였다. 시집 『연인들』을 펴내고 난 뒤 다양한 단편집과 수필집을 비롯해 많은 작품을 내놓았다. 「별」은 알퐁스 도데 특유의 서정적인 감수성과 묘사, 유려한 문체로 많은 사람들에게 사랑받고 있는 대표 단편 소설로, 첫 단편 소설집 『풍차 방앗간 편지』에 실린 소설 중 하나다. 「별」은 작가의 고향인 프로방스 지방의 목가적인 생활을 배경으로 한 폭의 수채화처럼 그려 낸 이야기다. 인디북에서 출간한 『별』에는 「마지막 수업」, 「아를의 여인」을 비롯해 주옥같은 단편 23편이 실려 있다.

추천 이유

지금은 감성지능EQ 시대다. 점점 메말라 가는 아이들의 감성과 가난해지는 마음을 보듬고 풍요롭게 만들어 줘야 한다.

『별』에 실려 있는 단편 소설 한 편 한 편에는 알퐁스 도데의 순수한 감성이 녹아 있다. 또한 인간과 인간, 인간과 자연이 아름답게 조화를 이루며 살아가는 모습이 잔잔하게 그려져 있다. 한 편의 시처럼 또는 한 폭의 풍경화처럼 다가오는 삶과 사랑 이야기는 조금은 이기적이고 계산적인 아이들에게 진한 감동과 교훈을 전하며 따뜻한 마음을 회복하게 해주기에 충분하다. 아이들에게 「별」에 나오는 목동과 같은 순수함과 풍부한 감성을 되찾아 줄 것이다.

권해 주고 싶은 구절

• 마지막 프랑스어 수업이라니……. 그런데도 나는 거의 쓸 줄도 모르잖아! 그럼 이제 다시는 배울 수 없단 말야? 여기서 멈춰야만 하는 것일까……. 그동안 헛되이 보내 버린 시간들이 얼마나 후회스럽던지, 새집을 찾아 뛰어다니거나 사아르 강에서 얼음을 지치느라 빼먹었던 수업들, 조금 전까지만 해도 그토록 권태롭게만 느껴지고, 그토록 들고 다니기에 무겁게만 느껴지던 내 책들, 문법책이며, 성스런 역사책, 그 모든 것들이 헤어지기엔 너무나 가슴 아픈 오랜 친구들처럼 느껴졌어요. ─「마지막 수업」 중에서

• 프랑스어는 세상에서 가장 아름답고 가장 분명하며, 가장 확고한 언어라는 것 그리고 이 언어를 우리 마음속에 간직하고 절대로 잊어서는 안 된다는 것, 왜냐하면 어느 민족이 노예가 되더라도 자기 나라말을 잘 간직하고 있

는 한, 마치 감옥의 열쇠를 쥐고 있는 것과 다름없기 때문이라고 하셨어요.
– 「마지막 수업」 중에서

• 이때부터 녀석은 울타리가 쳐진 밭의 풀이 맛없어지기 시작했던 거야. 그놈
에게 권태기가 시작된 거지. 녀석은 점점 말라 갔고 젖도 줄어들었어. 머리
는 항상 산 쪽으로 향하고 콧구멍을 벌름거리며 서글프게 "매애⋯⋯!" 하면
서 온종일 끈이나 잡아당기는 녀석을 보는 것은 참 마음 아픈 일이었지.
– 「스갱 씨의 염소」 중에서

• 그녀가 비탈진 오솔길로 사라져 버렸을 때, 노새 발굽에 채여 구르는 조약
돌 하나하나가 내 심장으로 떨어져 나를 아프게 하는 것 같았습니다. 나는
이 꿈같은 시간에서 깨어나는 게 두려워 잠에 취한 채 석양이 질 무렵까지
그대로 앉아 있었습니다. – 「별」 중에서

• 물속으로 잠수하는 갈매기, 햇빛을 받아 파도와 파도 사이를 누비는 물거
품, 멀어져 가는 우편선의 하얀 연기, 빨간 돛을 단 산호선, 진주처럼 영롱
한 물방울, 분수처럼 미묘하게 흩어져 있는 안개, 그 외에도 온갖 삼라만상
이 다가와 나와 하나가 되는 것입니다. 아, 나는 얼마나 많은 시간을 나의
섬에 도취되어 아무것도 모르는 아이처럼 행복에 잠겨 있었던지! – 「상기
네르의 등대」 중에서

• 아침에 문을 열었더니 새하얀 서리가 풍차 방앗간 주변을 온통 뒤덮고 있었

고, 풀잎들은 유리 조각처럼 빛을 내며 떨고 있었습니다. 하룻밤 사이에 사랑스런 프로방스가 북극으로 바뀌어 버린 것 같았습니다. 그 하얀 서리는 빛을 받아 반짝거렸고, 맑게 갠 하늘엔 하인리히 하이네의 나라에서 온 황새들이 커다란 삼각형을 만들며, 카마르그 쪽으로 "아이 추워, 추워."라고 외치며 날아가고 있었습니다. ―「산문으로 쓴 환상시」 중에서

• 이곳은 마치 바다 한가운데에 버려진 것처럼 은폐되어 있는 아늑한 마을이었습니다. 또한 바다와 접해 있으면서도 전원적인 모습을 갖추고 있었습니다. 어부들이나 이곳 주민들은, 처음에는 무뚝뚝해서 접근하기가 어렵지만 시간이 지나 가까워지면 그 무뚝뚝한 외모 속에서 순박하고 착한 심성을 발견할 수 있습니다. ―「바닷가의 추수」 중에서

• 7월의 심한 먼지에 섞여 길까지 들려오는 소리는 듣는 사람을 더 덥게 했고, 댄스곡이나 커다란 꽃, 뚱보 여인의 수선스러움, 넘쳐흐르는 저속함, 이 모든 것이 내 마음을 슬프게 했습니다. 나는 늘 행복한 듯이 조용히 걷던 가엾은 노인을 떠올렸습니다. 그리고 밀짚모자를 눌러쓰고 따분한 일상을 괴로워하며 눈물마저 글썽거린 채 어느 가게의 뒤쪽을 왔다 갔다 하고 있을 노인의 모습을 상상했습니다. ―「팔 집」 중에서

• 그날 아침 소녀는 일어나지 못했습니다. 지중해에 있는 섬의 항구 마혼의 돛배가 북방의 빙산에 걸리기라도 한 듯 추위는 그녀를 꼼짝 못하게 했습니다. 그녀의 어두운 방에는 슬픔이 흐르고 있었고, 유리창에는 서리가 끼어

마치 두꺼운 비단 커튼을 친 것처럼 보였습니다. – 「겨울」 중에서

• 비가 내리면 그 빗물은 아래쪽으로 나 있는 길을 온통 진흙 밭으로 만들어 지저분하게 하고, 깊은 수레바퀴 자국을 만들어 내지만, 벽돌의 붉은빛을 더 선명하게 하고 잔디의 푸름을 더 푸르게 만들며, 오렌지 잎사귀들을 반짝반짝 윤기 나게 하고, 백조의 흰 깃털을 더욱 귀족적이고 우아하게 만듭니다. 모든 것이 빛나고 조용하기만 합니다. – 「당구」 중에서

• 그가 심혈을 기울인 작품은, 이제 머릿속에 맹렬히 끓어오르는 용솟음 속에서 혼란스러웠을 때의 모습이 아닙니다. 그렇게 만들어진 책을 본다는 것은 얼마나 기쁜 일일까! 아주 어린 시절이라면 찬란한 희망의 기쁨이 되었을 것입니다. 태양의 빛이 머릿속을 가득 채운 것처럼, 활자가 청색과 노란색으로 길게 뻗어 반짝반짝 빛나는 것입니다. 그리고 좀 더 나이가 들면 이 창작의 기쁨에는 약간의 슬픔이 섞이게 됩니다. – 「마지막 책」 중에서

읽는 방법

① 하루에 한 편씩 읽도록 한다

짧은 단편 23편이 실려 있다. 짧은 기간 안에 읽게 하기보다 하루에 한 편씩 읽혀 시정이 넘치는 문장을 충분히 느끼도록 한다. 이야기의 전개보다 작가의 표현에 주의를 기울여 읽게 하자. 글의 감동을 만끽함으로써 감수성을 높이는 데 이 책을 읽는 목적이 있기 때문이다.

② 생소한 어휘에 지나치게 신경 쓰지 않도록 한다

이 글은 프랑스 프로방스 지방의 자연환경에 대한 묘사가 많아 자칫 생소할 수 있다. 아이가 낯선 지방 이름이나 도시 이름 등에 지나치게 신경 쓰지 않도록 귀띔해 준다. 단 어려운 어휘에는 밑줄을 그어 놓고, 책을 끝까지 훑어 읽은 다음 사전을 찾아 이해를 돕도록 한다.

③ 상상력을 최대한 발휘해 읽게 한다

아름답고 잔잔한 묘사로 마치 저자의 고향 프로방스가 눈앞에 펼쳐져 있는 것처럼 느껴지는 글이다. 상상력을 최대한 발휘해 이러한 배경을 머릿속에 그려 가며 읽으면 점점 책에 빠져들게 될 것이다.

④ 아름다운 문장을 필사하게 한다

이 책에는 아름다운 명문장이 많이 있다. 책을 읽으며 감동을 받은 문장이나 기억하고 싶은 글귀를 필사하도록 한다. 필사 과정을 통해 자연스럽게 표현력과 문장력이 자라게 된다.

활동 1 이야기 바꾸기

◆ 아래 글은 「마지막 수업」에서 아멜 선생님이 교단에 올라 아이들에게 한 말입니다. 만약 오늘 수업이 마지막 수업이라면 나는 어떤 생각을 할지, 이어서 '마지막 수업'의 의미를 담아 이야기를 만들어 적어 보세요.

"여러분, 오늘이 여러분과 수업하는 마지막 날입니다. 베를린으로부터 알자스와 로렌 지방의 학교에서는 앞으로 독일어만 가르치라는 명령이 내려왔습니다…… 새로운 선생님이 내일 도착하십니다. 오늘은 여러분의 마지막 프랑스어 수업입니다. 주의 깊게 들어 주기를 바랍니다."

활동 2 **나도 작가, 시로 표현하기!**

◆ 이 책에서 가장 마음에 와 닿은 단편 소설은 무엇인지 적어 보세요.

◆ 위 단편 소설에서 감명 깊었던 문장과 자신의 느낌을 적어 보세요.

◆ 위 단편 소설을 시詩로 표현해 보세요.

생각 나누기

◆「별」에서 주인공 목동은 목장 주인 아가씨를 순수한 마음으로 짝사랑합니다. 목
동의 사랑에 장벽이 되는 개인적, 사회적 문제점은 무엇인지 찾아보고, 진정한
사랑에 대한 나의 생각을 적어 보세요.

개인적 문제점 :

사회적 문제점 :

진정한 사랑에 대한 나의 생각 :

제목	조선 최고의 학자가 가슴으로 남긴 유산 『유배지에서 보낸 정약용의 편지』				
인성 교육 분야	효도(우애, 경애), 정직, 성실		추천 학년	초등 5, 6학년	
저자	정약용	편자	박지숙	출판사	보물창고

저자 및 책 소개

이 책은 조선 후기 대표 학자 정약용이 척박한 전라남도 강진에서 18년간 유배 생활을 하며 사랑하는 아들과 둘째 형님, 그리고 아끼는 제자들에게 보낸 편지를 모아 엮은 서간집이다. 정약용은 1762년 경기도 광주에서 태어나 28세에 문과에 급제한 뒤 여러 벼슬을 지내며 정조 임금을 도와 낡은 정치를 바꾸는 일에 몸을 바쳤다. 또한 그는 실학자로서 수원 화성을 설계하고 거중기를 발명하기도 했다.

그러던 중 신유박해(조선 순조 원년인 신유년에 일어난 가톨릭교도 박해 사건)에 억울하게 연루되어 40세부터 기나긴 유배 생활을 시작하게 되었다. 하지만 그는 절망에 빠지지 않고 부단히 학문에 몰두하여, 평생에 걸쳐 500여 권에 이르는 방대한 책을 남겼다. 정약용의 평등사상, 애민 정신, 개혁 정신은 세계적으로도 높이 평가받아서 우리나라 위인으로는 처음으로 '2012 유네스코 세계문화인물'로 선정되었다.

추천 이유

위대한 학자로서의 정약용이 아닌, 인간 정약용을 접할 수 있는 책이다. 때로는 따뜻하게, 때로는 엄하게 두 아들에게 충고를 전하는 아버지의 마음이 감동적으로 다가온다. 초등 고학년은 통합적 사고가 발달하는 시기이자 독립된 인격체로서 가치관의 변화를 경험하는 시기다. 이 시기에 들어선 아이들에게 『유배지에서 보낸 정약용의 편지』는 정약용의 훌륭한 가치관을 전달해 내면을 성숙시키기에 충분하다. 실제로 이 책을 읽은 뒤 아이들에게서 많은 변화가 일어나는 것을 목격하기도 했다. 자식에 대한 절절한 사랑이 묻어나는 글이 아이들에게 커다란 감동을 주어 저절로 마음에 충고를 새기고 싶게끔 만드는 듯하다.

이 책은 아이들에게 당시 생활 모습을 생생하게 알려 줄 뿐 아니라 자녀를 생각하는 부모의 마음까지도 일깨워 준다.

권해 주고 싶은 구절

• 이제 너희는 폐족廢族이다. 그러므로 더욱더 잘 처신해야 한다. 너희가 슬기롭고 굳건하게 극복하여 본래의 가문보다 더 훌륭하게 만든다면 이것이야말로 기특하고 장한 일이 아니겠느냐?
그렇다면 폐족의 자손으로서 잘 처신하는 방법은 무엇이겠느냐? 오직 독서, 한 가지 길밖에 없다. 독서는 사람이 할 수 있는 가장 중요하고 가치 있는 일이다.

- 너희들은 집에 책이 없느냐? 몸에 재주가 없느냐? 눈이나 귀에 총명이 없
  느냐? 어째서 스스로 포기하려 하느냐?

- 학연아! 너는 글하는 선비로서 과거의 폐단에서 벗어나는 것과 과거에 급제
  하는 것 중 어느 것을 택하는 게 낫겠느냐? 어느 편이 나은지는 잘 알 것이
  다. 너는 독서하기 좋은 때를 만났다. 지난번에 말했듯이 집안이 망했기 때
  문에 오히려 절호의 기회를 얻은 셈이다.

- 어버이를 섬길 때 가장 중요한 일은 그 뜻을 받드는 것이다. 여인들은 특히
  의식주에 관심이 많으니, 어머니를 모시는 사람은 이런 작은 것부터 마음을
  써야 효성스럽게 섬길 수 있다.

- 맏이 학연에게 보내노라. 마음과 행실을 바르게 닦을修身 때는 효제孝悌를
  근본으로 삼아야 한다. 이것을 다하지 않는다면 비록 학식이 높고 문장이
  훌륭해도 흙담이나 색칠하는 것이나 다름없다. 자기 마음과 행실을 올바르
  게 닦았다면, 그가 사귀는 친구도 자연히 단정한 사람일 것이다.

- 무릇 부모에게 효도하지 않고, 형제들과 우애롭지 못한 사람은 절대로 가까
  이해서는 안 된다. 그가 충성스럽고 인정 많고 부지런하고 온 정성을 다하
  여 나를 떠받들어도 결코 믿어서는 안 된다. 왜냐하면 처음에는 잘 대하다
  가도 은혜를 배반하고 의리를 저버리며 매몰차게 돌아서기 때문이다.
  이 세상에서 부모의 은혜보다 깊고 형제의 사랑보다 두터운 게 없는데, 부

모 형제를 그처럼 차갑게 버리는 사람이 벗에게 어떠하리라는 것은 쉽게 알 수 있다.

- 무릇 한 가지 하고 싶은 꿈이 있다면, 그 목표가 되는 사람을 정해 놓고 그 사람의 수준과 경지에 오르겠다고 결심해라. 그리고 용기를 가지고 힘껏 노력하면 그 꿈을 이룰 수 있다. 이것이 바로 용기의 덕목이다.

읽는 방법

① 시대적 상황을 먼저 알고 읽게 한다

정약용이 이 책을 쓴 당시 시대적 상황과 정약용에 대해 알고 읽으면 이해가 더욱 잘 된다. 부록에 있는 정약용 연보를 먼저 살펴본 뒤 읽도록 하자. 정약용이 어떠한 인물인지, 왜 유배를 가게 되었는지, 이것이 어떤 의미인지 등을 알고 읽도록 하자.

② 내 삶을 돌아보며 읽게 한다

이 책은 서간문이므로 아버지의 편지를 대한다는 마음 자세로 읽는 것이 좋다. 자식을 향한 절절한 마음을 헤아리고, 아버지의 충고를 귀담아 듣는 자세로 천천히 곱씹으며 읽도록 한다. 자식의 입장에서 읽으면서 자신의 삶을 돌아보게 하자.

③ 아버지의 마음을 헤아려 읽게 한다

부모에게는 사랑의 조언이 자녀에게는 잔소리처럼 느껴질 수도 있다. 정약용이 어떠한 마음을 담아 한 글자 한 글자 적어 보냈을지, 아버지의 애틋한 심리에 주목해서 읽게 한다. 아버지의 마음이 어떠할지 아이와 이야기를 나누어 보아도 좋다. 한층 더 감동적으로 읽을 수 있다.

④ 반드시 필사를 하도록 한다

필사는 마음에 새기는 좋은 독서법 중 하나다. 감동을 주는 구절에 밑줄을 긋고 메모하며 읽게 한다.

활동 1 만약 나라면……

◆ 정약용이 유배지에서 아들들에게 보낸 편지 중에서 가장 마음에 와 닿은 내용을 적어 보세요.

_____

_____

_____

_____

_____

_____

◆ 정약용이 두 아들에게 당부한 내용 중에서 내가 집에서 실천할 수 있는 일은 무엇이 있을지 생각해 적어 보세요.

_____

_____

_____

_____

_____

_____

◆ 만약 내가 정약용의 아들이라면 어떻게 답장을 썼을까요? 편지 하나를 읽고 아들 입장이 되어 답장을 적어 보세요.

정약용과 인터뷰하기

◆ 기자가 되어 유배 중인 정약용을 가상 인터뷰를 해보고 그 내용을 정리해 보
세요.

제목	절망을 희망으로 바꾼 용기 『헬렌 켈러 자서전』				
인성 교육 분야	존중(자기 존중, 타인 존중), 도전, 협동(공동체 의식)	**추천 학년**	초등 5, 6학년		
저자	헬렌 켈러	**역자**	WE GROUP	**출판사**	꿈과희망

저자 및 책 소개

태어난 지 19개월 만에 열병을 앓고 장애를 갖게 된 헬렌 켈러는 대단히 난폭하고 거칠었다. 그러나 일곱 살 때 자신의 장애를 마음 깊이 이해해 주는 가정교사 앤 설리번을 만나게 되면서 장애를 극복하고 크게 성장할 수 있었다. 그녀는 작가이자 교육자이며 사회사업가로서 신체적 장애를 가진 사람뿐만 아니라 사회적 약자인 여성, 그리고 노동자를 위해 살았다.

이 책은 보지도 듣지도 말하지도 못하는 삼중 장애를 가진 헬렌 켈러의 자서전『내 삶의 이야기』의 완역본이다. 헬렌 켈러가 자신의 정체성을 발견하는 과정을 그린 교양 소설이자 성인 동화이기도 하다. 자신을 인정하지 않는 세상을 향해 당당하게 주장하는 모습은 물론 역경을 극복해 나가는 과정이 담겨 있다. 엄청난 신체적 장애를 뛰어넘어 전 세계 장애인과 사회적 약자를 위해 온몸을 바친 그녀의 이야기는 깊은 감동을 선사한다.

아이를 둘러싸고 있는 훌륭한 사람만큼 좋은 교육 환경은 없다. 더구나 삶의 형태를 결정해 나가는 시기인 초등 고학년에게 인생의 멘토는 대단히 중요하다. 이때 위인전은 '멘토 찾기'의 가장 좋은 방법이라고 할 수 있다. 특히 어려운 여건 속에서 포기하지 않고 노력해 위기를 극복한 위인들의 이야기는 아이들에게 많은 가르침을 준다.

그중에서도 헬렌 켈러의 책을 권한 이유는 장애와 편견에 대해서도 생각해 보는 기회가 되기를 바라는 마음에서다. 자신과 조금만 달라도 어울리지 않으려고 하는 요즘 아이들에게 편견을 버리고 함께 어울릴 수 있는 마음을 일깨워 줄 것이라 기대한다.

뿐만 아니라 이보다 더할 수는 없다는 표현이 어울릴 만큼 힘든 상황에서도 헬렌 켈러는 포기하지 않고 자신을 존중하는 마음을 지켜 나간다. 이를 바탕으로 비장애인도 하기 힘든 수많은 일들을 해내며 전 세계 장애인의 복지를 위해 힘썼다. 그녀의 이러한 삶의 자세는 작은 어려움에도 쉽사리 포기하고 주저앉는 아이들에게 해낼 수 있다는 자신감과 도전 정신, 함께하는 마음을 심어 줄 것이다.

권해 주고 싶은 구절

- 나는 가만히 서서 온 신경을 선생님의 손가락 동작에 집중했다. 잊고 있었던 뭔가가 갑자기 희미하게 떠올랐다. 생각이 되살아나는 짜릿한 느낌이었다. 마침내 언어의 비밀이 내게 몸을 드러낸 순간이었다. 그러면서 나는

'W-A-T-E-R'라는 단어가 손 위로 쏟아지는 놀랍고 차가운 물질을 뜻한 다는 걸 깨달았다. 이 살아 움직이는 단어가 내 영혼을 깨우면서 빛과 희망, 기쁨, 그리고 자유를 선사했다! 물론 넘어야 할 장애물들이 여전히 많았지만, 그 장애물도 시간이 지나면 모두 극복할 수 있는 것들이었다.

• 우리는 집보다 햇볕이 드는 숲 속을 더 좋아했고 그래서 야외에서 책을 읽고 공부도 했다. 어린 시절에 받았던 수업에는 모두 솔잎의 상쾌한 송진 냄새와 달콤한 머루 향기가 섞인 숲의 숨결이 어려 있다. 야생 튤립나무의 은혜로운 그늘에 앉아서 나는 어떤 사물이든 모두 배우고 생각할 점이 있다는 걸 깨달았다. '사물들이 지닌 제각각의 사랑스러운 매력을 보면 그들의 쓰임새를 알 수 있었다.' 웅웅 소리를 내거나 붕붕거리거나 노래하거나 꽃을 피우는 모든 것들이 내가 받은 교육에서 번듯하게 한자리를 차지하고 있었다.

• 내가 교육의 초창기를 아주 아름답게 보낼 수 있었던 건 바로 선생님의 천재성과 신속하게 공감해 주던 이해심, 그리고 자애로운 재치 덕분이었다. 또한 내가 선생님이 전해 주는 지식을 아주 즐겁고 쉽게 받아들일 수 있었던 것도 지식 전달의 타이밍을 적절하게 포착하는 선생님의 능력 덕분이었다. 아이의 마음은 얕은 시냇물과 같아서, 바위투성이의 교육 과정 내내 잔물결도 일으키고 즐겁게 춤추기도 하며 흘러가다가 여기서는 꽃을, 저기서는 덤불을, 또 저쪽에서는 양털 구름을 수면 위에 띄우는 존재라는 게 선생님의 깨달음이었다.

- '이젠 동생도 내 말을 알아들을 수 있어.'라는 생각은 어떤 장애물도 넘어설 만큼 강렬한 위안이었다. 나는 "이제 벙어리가 아니야."라는 말을 황홀경 속에서 되뇌곤 했다. 엄마에게 말을 걸고 엄마의 대답을 입술을 통해 읽을 수 있다는 기쁨을 상상할 때는 좌절감이 온데간데없이 사라졌다. 입으로 말하는 게 손가락으로 글자를 쓰는 것보다 훨씬 더 쉽다는 걸 알았을 때, 나는 그저 놀랄 뿐이었다.

- 래드클리프 대학 생활의 첫날은 지금도 기억이 난다. 이것저것 재미있는 일로 가득 찬 하루였다. 이날을 나는 오랫동안 고대했었다. 대학 진학을 준비하는 과정에서 내가 눈과 귀가 정상인 학생들과 똑같은 기준으로 경쟁하여 능력을 검증해 보는 길을 택한 것은 내 마음속의 거센 열정이 친구들의 만류보다, 심지어 내면에서 속삭이는 포기의 유혹보다도 강했기 때문이었다.

- 앞에서 나는 지금까지 살면서 겪었던 일들을 대강 써 내려갔다. 하지만 내가 책을 얼마나 많이 의지하며 살았는지에 대해서는 언급하지 않았다. 책들은 내게 즐거움이나 지혜의 원천이었을 뿐만 아니라 정상인들이 눈과 귀를 통해 습득하는 지식들을 얻을 수 있는 창구이기도 했다.

- 박물관과 화랑 또한 즐거움과 감동을 안겨 주는 원천이다. 내가 비록 앞을 보지는 못하지만 손으로도 차가운 대리석에 표현된 동작과 감정과 아름다움을 충분히 느낄 수 있다고 말하면 많은 사람들은 틀림없이 이상하게 여길 것이다. 그러나 내가 위대한 예술 작품을 만져 보면서 진정한 즐거움을 누

린다는 건 사실이다. 내 손끝은 작품의 직선과 곡선을 더듬어 따라가면서 작가가 구현한 생각과 감정을 찾아낸다. 또한 신과 영웅들의 얼굴을 만져 보면서 그들의 증오와 용기, 사랑도 감지할 수 있다.

• 내 삶이 비록 장애에 따른 수많은 제약을 안고 있지만 그럼에도 여전히 '아름다운 세상'의 삶과 겹치는 접점도 많은 것 또한 사실 아닌가? 세상에 존재하는 어떤 것이든 반드시 경이로운 요소들이 내재되어 있는 법이고 그건 암흑과 적막감도 마찬가지이며, 나 또한 어떤 상황에 놓이든 그 안에서 만족하는 법을 배우고 있다.

읽는 방법

① 책에 실려 있는 사진을 살펴보면서 책에 대한 동기부여를 한다

책에 있는 헬렌 켈러의 성장 사진을 보며 동기부여를 한다. 헬렌 켈러가 자라는 과정과 그의 일생을 살펴보면서 어떻게 위대한 삶을 살 수 있었는지 생각해 보게 하자.

② 머리말과 추천하는 글, 부록의 도움말 등을 먼저 읽게 한다

머리말과 추천하는 글을 먼저 읽게 한다. 머리말에 헬렌 켈러의 생애와 활동이 개략적으로 소개되어 있어 책 내용을 이해하는 데 도움이 된다. 이 책은 독특하게도 함께 영어 공부를 하던 고등학생들이 뜻을 모아 번역한 것으로, 헬렌 켈러라는 한 인간에 대한 번역자의 마음이 추천하는 글에 고스란히 담겨 있다. 그리고 부록의 도움말을 통해 등장인물들과 주제, 교육의 가치 등을 먼저 이해하고 나면 책에 대한 흥미가 생길 뿐 아니라 한결 수월하게 읽을 수 있다.

③ 헬렌 켈러가 도움을 받거나 도움을 준 사람들을 생각하며 읽게 한다

누군가의 배려와 봉사가 한 사람의 삶을 180도 바꾸어 놓을 수 있음을 일깨워 주는 책이다. 헬렌 켈러는 스승 설리번을 만나지 못했더라면 방에 홀로 틀어박혀 다른 사람과의 소통을 거부하며 평생을 지냈을지도 모른다. 그러나 설리번의 헌신적인 도움으로 하버드대학교 래드클리프칼리지에 입학하는 등 삶이 완전히 바뀌게 되었다. 그리고 헬렌 켈러 역시 자신처럼 고통 받는 장애인을 위해 일생을 바쳤다. 이처럼 헬렌 켈러가 도움을 받거나 준 사람들을 중심으로 살펴보면서 이것이 어떤 힘을 가졌는지 깨닫게 하자. 또한 진정한 배려와 봉사란 무엇인지 함께 생각해 보자.

④ 장애인의 어려움과 고통을 헤아리며 읽게 한다

비장애인이 장애인의 어려움과 고통을 이해하기는 매우 어렵다. 이 책을 통해 장애에 대한 생각을 바로 세울 수 있도록 감정이입하여 읽게 한다. 장애인의 아픔을 이해하고 함께하려는 마음을 가질 수 있을 것이다. 장애를 가진 사람에게 어떤 도움이 줄 수 있을지 생각해 보게 하자.

활동 1 장애 체험하기

◆ 장애인에 대한 나의 생각을 적어 보세요.

_____

_____

_____

_____

◆ 짝 또는 가족과 함께 장애 체험을 해보세요.

시각장애인 역할을 맡은 사람은 안대를 하고, 비장애인 역할을 맡은 사람은 장애인을 안내
합니다. 두 사람이 각각 막대기의 양쪽 끝을 쥔 채 비장애인이 앞장서서 장애인을 안내하
는데, 안내를 하는 동안 비장애인은 가는 길을 말로 설명해 주도록 합니다. 집 근처 공터나
운동장처럼 야외에서 해도 좋지만, 여의치 않을 경우 교실이나 집에서도 할 수 있습니다.
역할을 바꾸어 한 번 더 해봅니다.

_____

_____

_____

_____

_____

_____

◆ 장애 체험을 한 소감문을 적어 보세요.

_____

_____

_____

_____

_____

_____

활동 2 **나의 자서전 쓰기**

◆ 자기 앞에 놓인 어려움을 이겨 내고 성공한 위인들처럼, 현재 나를 괴롭히는 문제들을 이겨 내고 꿈을 이룬 자신의 모습을 상상해 보고 '나의 자서전'을 적어 보세요.

_____

_____

_____

_____

_____

_____

_____

_____

_____

제목	마음을 밝혀 주는 거울 『명심보감』				
인성 교육 분야	정직(신의, 공정성), 인간관계		추천 학년	초등 5, 6학년	
저자	추적	역자	백선혜	출판사	홍익출판사

저자 및 책 소개

'명심보감明心寶鑑'이란 '마음을 밝혀 주는 보배로운 거울'이라는 뜻이다. 공자, 맹자는 물론선현들의 금언과 명구를 편집해 만든 책이다. 삶의 교훈서인 이 책은 고려 충렬왕 때 문신 추적秋適이 중국 명나라 범립본이 편찬한 『명심보감』에서 진수만을 간추려 펴낸 것이 널리 퍼져 조선 시대에 이르러 어린이들의 인격 수양을 위한 한문 교양서로 읽혔다고 한다.

『명심보감』에서 눈에 띄는 것은 부모와 자식, 형과 아우, 남편과 아내, 친구와 친구, 스승과 제자, 윗사람과 아랫사람 등 저마다의 관계에서 어떻게 행동하는 것이 옳은지 말해 준다는 점이다. 물론 지금 시대와는 맞지 않는 부분도 있으며, 반박할 여지가 있는 것도 사실이다. 하지만 인간의 근본적인 가치는 변하지 않는 것이기에 선현들이 왜 그러한 말들을 남겼는지 곱씹어 보고 자신의 삶에 적용해 볼 가치는 충분하다.

추천 이유

초등 고학년이 된 아이들은 서서히 사춘기에 들어서는 모습을 보인다. 이 시기에는 부모가 말로 가르치기보다 스스로 깨달을 수 있도록 하는 것이 중요하다. 『명심보감』은 시대를 초월해 가정 교육의 첫 번째 권장 도서로 손꼽히는 책으로, 예절 교육 교과서라고도 할 수 있다. 선악에 대한 가치관의 혼란이 일어나는 고학년 아이들이 거울에 자신을 비추어 보듯 이 책을 통해 자신의 마음을 비추어 볼 수 있을 것이다. 또한 올바른 가치관을 분별하는 힘도 얻게 될 것이다.

이와 더불어 인성 교육은 곧 인간관계에서 시작된다고 해도 과언이 아니다. 이 책은 자식으로서, 부모로서, 형제로서, 친구로서, 또는 가정이나 사회 구성원의 한 사람으로서 지켜야 할 덕목을 배울 수 있을 것이다.

권해 주고 싶은 구절

- 착한 일을 보거든 목마른 사람이 물을 마시듯이 하고,
  나쁜 일을 듣거든 귀머거리가 된 듯이 하라.
  또 착한 일은 욕심을 부려 하고 나쁜 일은 즐거워하지 말라. —「태공」

- 사람들에게 은혜와 의리를 두루두루 베풀며 살아라.
  사람이 살다 보면 어느 곳에서든 서로 만나기 마련이다.
  사람들과 원수지간이 되지 말라.
  좁은 길에서 서로 만나면 피해 가기 어렵다. —「경행록」

- 은혜를 베풀고서 보답 받기 바라지 말고,
  남에게 주고 나서 왜 주었나 후회 말라.

- 사람의 성품은 물과 같다.
  물이 한번 쏟아지면 다시 담을 수 없듯이
  성품이 한번 방종해지면 다시 돌이킬 수 없다. ―「경행록」

- 반걸음도 꾸준히 내딛지 않으면
  천 리를 갈 수 없고
  적은 물도 모이지 않으면
  강과 바다를 이룰 수 없다. ―「순자」

읽는 방법

① 하루에 한 편씩 읽게 한다

모두 25편으로 이루어져 있으므로 하루에 한 편씩 한 달이면 읽을 수 있다. 아침에 하루의 문을 열며 문구를 조용히 묵상하게 하자. 아침이 힘들다면 하루를 마무리하며 읽도록 하자. 소가 되새김질하듯이 시간을 충분히 갖고 천천히 반복해서 읽을 때 내면의 힘을 기를 수 있다.

② 각 편의 해설을 아이와 함께 읽는다

한 편이 끝날 때마다 그 구절을 쓴 인물이나 구절 해석이 달려 있다. 아는 만큼 이해도 깊어지는 법이다. 아이 혼자 읽게 할 경우 어렵고 지루해할 수 있으니 부모가 아이를 도와 찬찬히 읽어 나가도록 한다. 인물에 대한 이해가 높아지고 잘 모르는 용어나 숨은 뜻을 알게 된다.

③ 변화와 성숙을 목표로 실천 방법을 고민해 보게 한다

인문 고전 읽기는 고전 문학이나 실용서 읽기와 다르다. 마음의 여유와 삶의 지혜를 얻어 지금보다 한 단계 성숙한 삶을 목표로 해야 한다. 따라서 가슴에 와 닿는 구절을 발견하는 데 그치지 않고 자신의 삶에 적용할 수 있어야 한다. 이를 위해 아이에게 마음에 드는 구절에 대해 묻고, 이를 삶에서 실천할 수 있는 방법은 무엇일지 함께 이야기를 나누어 보자. 그리고 실천하도록 한다.

④ 소리 내어 읽도록 한다

이 책은 호흡이 짧으므로 소리 내어 읽어도 좋다. 집중력이 약하거나 활동적인 아이일수록 음독이 효과적이다.

활동 1 나의 다짐

◆ 오늘 읽은 부분 중 가장 감명 받은 구절을 적어 보세요.

_____

_____

_____

_____

◆ 위 구절을 읽고 본받고 싶은 점은 무엇인가요?

_____

_____

_____

_____

◆ 위 구절을 선택한 이유와 나의 다짐을 적어 보세요.

_____

_____

_____

_____

_____

◆ 오늘 읽은 내용을 앞으로 어떻게 실천할 수 있을지 적어 보세요.

누구에게 :

무엇을 :

어떻게 :

활동 2 **보배로운 거울!**

◆『명심보감』에 아래와 같은 구절이 나옵니다. 아래의 구절처럼 친구를 이롭게 하거나 다치게 하는 말 한마디를 적어 봅시다. 그리고 그렇게 말했을 때 친구는 어떤 마음을 가지게 될까요?

다른 사람을 이롭게 하는 말은 솜옷처럼 따스하고
다른 사람을 다치게 하는 말은 가시처럼 날카롭다.
다른 사람을 이롭게 하는 한 마디 말은 천금의 값어치가 나가고
다른 사람을 다치게 하는 한 마디 말은 칼로 베는 것처럼 아프다.

친구를 이롭게 하는 한마디 말	친구를 다치게 하는 한마디 말
이 말을 들었을 때 친구의 마음	**나의 나쁜 점**

5
장

인성 고전읽기 프로젝트로 깨달은 효과적인 독서법

방법만 알면
고전이 즐거워진다, 성장한다

"책을 싫어하던 아이도 고전에 빠져들게 한 바로 그 방법"
:

고전은 읽는 것도 중요하지만, 그 읽는 과정이 무엇보다 중요하기에,

특히 학생마다 읽기 능력이 다르기에

모든 아이들이 즐겁게,

그리고 효과적으로 고전을 읽을 수 있는 방법이 필요했다.

이번 장에는 그동안 학생들에게 사용했던 방법 중

아주 간단하지만 효과적이었던 것만을 모아,

가정에서 활용할 수 있도록 소개하였다.

책을 꼭 읽어야
하는 것일까?

　요즘 부모들은 거실까지 서재로 만들어 가며 자녀에게 독서 습관을 길러 주고자 노력을 마다하지 않는다. 학교에서 역시 적지 않은 예산을 쏟아 다량의 책을 비치하고 도서관을 1년 내내 개방하기도 한다. 이와 더불어 아침 독서, 다독상, 독후감 쓰기 대회 등 다양한 독서 활동을 꾀하여 책 읽는 분위기를 만들고자 애쓴다. 그러나 그러한 노력이 무색할 만큼 아이들은 책을 읽지 않는다. 자랄수록 더욱 책과 멀어지고 있음을 다음 통계에서도 알 수 있다.

　문화체육관광부가 발표한 '2015년 국민독서실태조사보고서'에 따르면, 초중고 학생의 연간 독서율은 94.9퍼센트이며, 성인 독서율은 65.3퍼센트다. 연간 독서량은 더욱 현격한 차이를 보인다. 초등학생 70.3권, 중학생

19.4권, 고등학생 8.9권, 성인 9.1권으로 나이가 많아질수록 1년에 읽는 책의 권수가 눈에 띄게 줄어들었다.

도대체 무엇이 잘못된 것일까? 아니, 책을 꼭 이렇게까지 읽어야 하는 것일까?

지금의 독서 교육이 아이들에게 진정한 책 읽기의 기쁨을 선사하고 있는지 돌아볼 필요가 있다. 스스로 "책 읽는 바보"라고 일컬었던 조선 후기 실학자 이덕무는 이서구에게 "옛날에 책을 베껴 써주는 품을 팔면서 책을 읽었다는 사람이 있었습니다. 내가 일찍이 그 수고로움을 비웃었지요. 하지만 이제는 내가 그 꼴이 되어 눈이 침침하고 손에 굳은살이 박일 지경이 되었습니다."라는 편지를 남긴 적이 있다.

이덕무는 양반 집안에서 태어났지만 서자의 신분으로 가난하게 살았다. 그는 배고플 때 책을 읽으면 배고픔을 잊고 시끄러울 때 책을 읽으면 소리가 들리지 않았다고 한다. 그의 저서에 『이목구심서』라는 책이 있다. '이목구심서耳目口心書'란 귀로 듣고, 눈으로 보고, 입으로 소리 내고, 마음으로 느낀 것을 글로 썼다는 뜻이다. 이 책에 실려 있는 「한겨울의 공부방」이라는 글을 보면 그가 얼마나 책 읽기를 좋아했는지 알 수 있다.

1765년 11월에 공부방이 너무 추워 뜰 아래쪽의 작은 초가집으로 옮겨서 지냈다. 방이 몹시 지저분해서 벽에 얼음이 얼면 그 위로 내 얼굴이 비치곤 했다. 방구들에서는 연기가 새서 눈이 늘 시렸다. 방바닥도 울퉁불퉁해서 그릇을 놓으면 물이 엎질러질 정도였다. 한 방울만 옷에 떨어져도 놀러 온 손님들이 깜짝 놀라서 벌떡 일어났다. 나는 너무 미안해서 사과하곤 했다. 그래도 게을러서 수리하지는 못했다. 어린 동생과 이 방에서 겨울 석 달 동안 함께 지냈는데, 그 추운 방 안에서 책 읽는 소리가 끊어진 적은 한 번도 없었다. 그 겨울 동안 큰 눈이 세 번쯤 내렸다. 큰 눈이 올 때마다 옆집에 사는 키 작은 할아버지가 빗자루를 들고서 새벽에 문을 두드리며, 혼잣소리를 하면서 혀를 차곤 했다. "거참! 우리 몸 약한 형제들이 이 추위에 얼지는 않았는지 몰라." 그러고는 빗자루로 쓸어서 먼저 길을 내고는 문밖에 놓아둔 눈에 묻힌 신발을 찾아 탁탁 털곤 했다. 금세 마당을 말끔하게 쓸어 둥근 눈 무더기 세 개를 만들어 놓고 갔다. 나는 그때 이불 속에서 벌써 옛사람의 문장 서너 편을 외우곤 했다.

이처럼 이덕무는 어려운 환경에서도 손에서 책을 놓지 않았다. 오랜 어려움 끝에 그는 결국 정조에게 인정을 받아 규장각에서 일을 하게 된 뒤 250여 차례나 정조로부터 하사품을 받았다. 그가 21세에 쓴 자신의 전기 『간서치전』에서 아이의 독서법에 대해 언급했는데 그 내용은 아래와 같다.

어린아이에게 글을 가르칠 때에 많은 분량을 가르쳐서는 절대 안 된다. 총명하고 민첩한 아이가 조금 읽고 잘 외우는 것도 좋은 일이 아니며, 둔한 아이에게 많은 분량을 익히도록 하는 것은 약한 말에 무거운 짐을 실은 것과 같으니 어찌 멀리 갈 수 있겠는가?

책이 흔하지 않던 시절에 행복하게 독서를 했던 그는 아이의 독서법에도 관심이 많았다고 한다. 이덕무는 아이에게 많은 책을 읽히는 것보다 아이에게 맞는 독서법을 실천해야 한다고 강조했다. 즉 무턱대고 책만 읽는 '독서를 위한 독서'를 경계해야 한다는 것이다.

내가 어렸을 때만 해도 흑백 교과서 말고는 동화책 한 권 구경하기도 힘든 시절이 있었다. 요즘에는 재미있는 것들이 너무 많다. 그 유혹들을 이겨 내고 책을 읽기 위해서는 예전보다 훨씬 큰 마음의 힘이 필요하다.

따라서 독서를 의무적으로 해야 하는 숙제처럼 인식시켜서는 안 된다. 독서 논술 학원이 생기더니 최근에는 고전 독서 학원까지 생겼다. 아이들에게 고전을 읽혀야 한다는 데에는 마음을 같이하지만 우려가 앞선다. 가뜩이나 학원이나 과외에 내몰리고 있는 아이들이 독서 역시 무거운 과제의 하나쯤으로 여기지는 않을까 염려스러운 것이다. 그렇게 될 바에야 차라리 읽히지 않는 것이 오히려 현명하지 않을까.

왜 고전을 읽히려고 하는가? '해야 한다고 하니까.' '남들이 좋다고 하니까.' '다들 하니까.' 등등 여러 이유가 있을 것이다. 다른 분야의 책도 마찬가지지만 고전 역시 몇 살부터, 어느 시기까지, 꼭 읽어야만 하는 기준 같은 건 없다. 그러잖아도 부모와 아이 모두에게 부담스러운 고전, 즐겁게 접근하자.

바쁜 초등학생도
부담 없는 고전읽기법

초등학생들의 하루는 어떠할까? 학교가 끝나면 친구들에게 뒤처지지 않도록 영어와 수학을 배우고, 체력을 위해 태권도 학원에도 다닌다. 고학년이 되면 입시 준비를 시작해야 하니 그 전에 피아노 같은 악기 한 개 정도는 마스터해 둬야 한다. 방학 때도 해야 할 리스트는 넘쳐 난다.

당연히 여간해서는 고전을 읽는 시간을 내기가 어렵다. 깊이 생각하며 차분히 읽어야 하는 고전이 바쁜 아이들에게는 짐스럽기만 하다. 따라서 아이에게 고전을 읽히고자 한다면 무엇보다 시간을 확보해야 한다. 그러자면 부모가 먼저 고전의 중요성을 마음 깊이 새겨야 한다.

"한 권의 책을 읽은 사람은 그렇지 않은 사람을 부리고, 10권의 책을 읽은 사람은 한 권의 책을 읽은 사람을 다스리며, 100권의 책을 읽은 사람은 세상을 통치한다."라는 말을 굳이 빌리지 않더라도 세계 정상에 우뚝 섰던 지도자들치고 독서에 열중하지 않은 사람은 없다고 한다. 워런 버핏이나 빌 게이츠도 독서를 바탕으로 세계 최고의 부자가 되었다. 그들이라고 시간이 많아서 책을 읽은 것은 아니다. 바쁜 시간을 쪼개 책 읽는 시간을 확보했다. 그렇게 한 이유는 책 속에서 자신의 사업 아이디어와 해답을 찾았기 때문이다. 워런 버핏은 이렇게 말했다. "내가 만약 책을 좀 더 많이 읽었더라면 좀 더 빨리 일을 이루었을 것이다."

　책은 사람뿐만 아니라 대학을 삼류에서 일류로 거듭나게도 한다. 미국 명문 대학인 시카고대학교 역시 책을 통해 지금의 명문 대학이 될 수 있었다. 시카고대학교는 석유 재벌 존 록펠러가 1890년에 설립한 대학이다. 초창기에는 별 볼 일 없는 삼류 대학이었지만, 로버트 허친스 박사가 총장에 취임하고부터 달라졌다. 그는 교양 교육의 일환으로 '대 저서 프로그램 The Great Book Program'이라는 프로그램을 만들어 학생들이 졸업할 때까지 고전 100권을 읽도록 했다. 이 프로그램의 결과 현재 시카고대학교는 삼류 대학에서 벗어난 것은 물론이고, 노벨상 수상자를 87명이나 배출함으로써 '노벨상 최다 수상'이라는 빛나는 명성을 얻게 되었다. 즉 고전읽기가 변화의 출발점이 된 것이다.

　시간이 날 때 고전을 읽히면 된다는 생각은 버려야 한다. 아이에게 고전을 읽혀야겠다고 마음먹었다면 고전읽기를 우선순위에 놓아야 한다. 아이의 바쁜 일과 중에 고전을 추가해서는 고전읽기를 절대 성공할 수 없다.

　아이가 스스로 고전을 읽는다면 더할 나위 없겠지만 그런 아이는 드물다. 시간을 정해 놓고 가족이 다 같이 고전을 읽는 방법을 가장 권하고 싶다. '시간 날 때 읽는다. 자기 전에 읽는다'와 같이 애매하게 시간을 정하기보다 '저녁 식사 후 8시는 고전 읽는 시간'이라고 정확하게 못 박아 놓는 것이 실천으로 이어지는 비법이다. 만약 그날 그 시간에 꼭 해야 하는 일이나 보고 싶은 텔레비전 프로그램이 있다면 사전에 의논해 시간을 조정하도록 하자.

대체로 초등학생 아이가 부담 없이 집중할 수 있는 시간은 20~30분 정도다. 시간이 너무 짧으면 사고할 시간이 부족하다. 반대로 시간이 너무 길면 금세 지루함을 느끼고 흥미를 잃기 쉽다. 대부분의 학교가 아침 독서 시간을 20~30분으로 정한 것도 이러한 근거를 바탕으로 한다.

고전읽기를 시작할 때는 읽는 양보다 습관 기르기에 목적을 둔다. 짧게라도 날마다 꾸준히 읽게 하는 것이 더 효과적이다. 비록 짧은 시간일지라도 아이가 부담 없이 고전읽기를 지속하는 데 의의를 두어야 하는 것이다. 그러는 사이 자연스럽게 고전읽기가 습관이 되어 간다.

가족 독서 시간을 성공적으로 자리매김하려면 부모가 먼저 솔선수범해야 한다. 선정한 책을 가족 수대로 구입해서 읽으면 서로 선의의 경쟁을 하게 되어 끝까지 흥미를 잃지 않고 읽을 수 있다. 책의 내용에 대해 이야기하는 사이 자연스럽게 토론으로 발전시킬 수도 있다.

고전읽기는 시간 관리가 중요하다. 아이에게 고전을 읽으라고만 할 것이 아니라, 읽을 수 있는 시간을 만들어 주자. 위인을 만나는 기쁨, 아름다운 글귀에서 받는 가슴 울림, 어느 순간 머릿속에 불이 환하게 밝혀지는 듯한 느낌들이 책을 사랑하며 성장해 가는 아이로 만들 것이다.

날마다 고전읽기를 하면서 고전의 바다에 빠져드는 아이는 금맥을 찾은 것과 같다. 금맥을 찾은 아이는 시간을 허비하지 않고 자투리 시간까지 챙기기 시작한다. 심지어는 길을 가면서 또는 급식을 기다리면서, 잠에 들기 전에도 손에서 책을 놓지 않는 아이가 된다. 그만큼 독서의 깊이가 깊어져 간다는 이야기다.

고전이 읽고 싶어지는
환경을 만들어 줘라

몇 해 전 5학년 아이들을 가르칠 때였다. 일기 검사를 하던 중 한 학생이 밤에 자려고 눕기만 하면 이상한 물체가 보이고 환청이 들려 고민하는 글을 보게 되었다. 마음이 쓰여 아이와 이것저것 이야기를 나누던 중 우연히 요새 어떤 책을 읽고 있는지 물어보았다.

"매일 귀신 나오는 책을 읽어요. 『오싹오싹 소름끼치는 학교 괴담』, 『신 학교 괴담 2』, 『학교 괴담 수사대 사이킥』, 『학교에 귀신이 산대요!』 같은 거요. 그리고 밤에 귀신 영화도 많이 봐요."

문제의 원인은 의외로 간단한 곳에 있었다. 밤에 잠들기 전 자극적인 영상이나 책을 보면 쉽게 잠이 오지 않는다. 잠이 든 뒤에도 뇌에 남아 있는 잔상이 수면을 방해하기 때문이다.

아이들 역시 책이 좋다는 것을 알고, 책을 읽어야 한다는 사실도 안다. 고전읽기 역시 마찬가지다. 다만 뜻대로 잘 되지 않을 뿐이다. 위의 아이처럼 저런 책들에 손이 가고 만다. 부모의 역할은 아이에게 책 좀 읽으라고 잔소리하는 것이 아니다. 저절로 고전이 읽고 싶고 부담 없이 고전을 읽을 수 있는 환경을 만들어 주는 것이다.

자녀 교육의 대가들에게 배우는 독서 환경 만드는 법

6남매를 모두 하버드대학교와 예일대학교에 보낸 어머니로 유명한 전혜성 박사는 자녀 교육의 성공 비법으로 도서관을 꾸준히 다닌 것과 집 안 전체를 공부하는 공간으로 만든 것을 꼽는다. 집 안 곳곳에 책상을 여러 개 가져다 놓아 언제 어디서든 책을 펼치면 그 자리가 곧 공부하는 자리가 될 수 있도록 꾸몄다. 또한 지하실을 독서 공간으로 만들고, 아이 숫자대로 책상을 들여놓았다. 그리고 매주 도서관에 가서 책을 빌려 와 일주일 동안 읽게 했다. 아이들과 도서관에 다니면서 이것저것 묻기도 하고, 아이스크림도 사 먹으면서 도서관 나들이를 즐겼다. 아래 글은 2013년 ≪동아일보≫에 실린 그녀의 인터뷰 중 일부를 발췌한 것이다.

"공부는 아이 스스로 하는 것이다. 다만 우리가 할 수 있는 건 아이 스스로 공부할 수 있는 환경을 만들어 주는 것이다. 남편이 가장 중요하게 생각했던 집안 살림은 책상이었다. 여섯 아이가 각자 침실에 책상 하나씩을 갖고 있었고, 지하에 꾸며 놓은 널찍한 방에도 도서관처럼 책상을 늘어놓았다. 거기에 친구들이 와도 쓸 수 있도록 책상을 두 개 더 들이고, 식탁이나 티 테이블도 가끔 책상 용도로 썼기 때문에 우리 집엔 책상이 20개나 됐던 셈이다. 아이들은 학교에서 돌아오면 숙제를 하고 지하실로 내려가 책을 읽거나 공부를 한 뒤 놀았다. 아이들이 공부하고 있을 때 친구들이 놀러 오면 그들도 꼼짝없이 앉아서 책을 읽어야 했기 때문에 우리 집은 어느 순간 동네 도서관이 돼 있었다."

전혜성 박사가 가장 중요시한 것은 습관이었다. 억지로 시키기보다 스스로 할 수 있도록, 어느 곳이나 공부방이 되고 도서관이 될 수 있도록 집 안 곳곳을 꾸며 놓았다. 또한 정해진 시간에는 아무리 친구가 놀러 와도 할 일을 먼저 끝내도록 한 점도 눈에 띈다.

이이를 키운 신사임당은 당시로는 드물게 여류 화가이자 명필가로서의 삶을 살았다. 신사임당이 살던 시대에는 여성은 공부나 벼슬을 할 수 없었다. 그러나 그녀는 늘 책을 가까이 두고서 공부를 게을리 하지 않았다. 결혼 후에는 자녀 교육에 심혈을 기울였는데, 아이들에게 무조건 시키기보다 자신이 앞장서서 책을 읽고 그림을 그렸다. 그리하여 아이들이 자연스럽게 책을 가까이하도록 했다. 신사임당은 날마다 새벽에 일어나 책을 읽다가 좋은 문장이 나오면 종이에 옮겨 적었다. 그리고 아이들이 일어나기 전에 집 안 곳곳에 붙여 놓았다. 아이들이 지나다니면서 읽어 볼 수 있도록 한 것이다.

칼 비테 주니어는 19세기 독일의 유명한 천재다. 아홉 살 무렵에는 독일어, 영어, 이탈리아어 등을 자유롭게 구사하였고, 열여섯 살에는 법학 박사 학위를 취득하고 베를린대학교 교수가 되었다. 스물세 살에는 『단테의 오해』를 집필해 단테 연구의 권위자가 되었다. 그러나 칼 비테 주니어가 태어날 때부터 천재였던 것은 아니다. 미숙아로 태어난 그가 천재가 될 수 있었던 것은 그의 아버지 칼 비테의 독창적인 교육관과 교육 방식 덕분이었다. 이를 소개한『칼 비테의 자녀 교육법』은 200년이 지난 지금까지 '영재 교육의 바이블'이라고 일컬어지고 있다. 그 책을 살펴보면 아래와 같은 내용이 나온다.

> 아이에게 언어를 가르치는 데 책을 읽어 주는 것만큼 좋은 방법도 없다. 또한 이렇게 하면 아이의 품성도 점잖아진다. 하지만 줄곧 아이가 듣기만 하면 교육의 효과가 떨어지므로 다 읽고 난 뒤에 아이가 책의 줄거리를 되새기게 해야 한다. 아내는 아들이 말을 배우기 전에 그리스 로마와 북유럽의 신화를 읽어 줬는데, 나중에 아들이 말을 할 수 있게 됐을 때 신화의 내용을 바탕으로 같이 연극을 하기도 했다.
> 이런 재미있는 교육 방식 덕에 아들은 어렵지 않게 예닐곱 살 때 삼만 단어 이상을 구사할 수 있게 되었다. 이것은 열여섯 살짜리 청소년과 견줘도 뒤지지 않을 만한 수준이다.

한 가지 놀라운 사실은 칼이 부모에게 인문 고전 독서 교육을 받으면서 언제나 밝고 즐거운 모습이었다는 것이다. 칼의 부모는 그에게 고전이 가득 꽂혀 있는 책장을 선물하였는데, 이는 책을 읽는 것이 선물 보따리를 푸는 것처럼 멋진 일이라는 인식을 자연스럽게 선사했다고 한다. 당시에는 책이 지금처럼 풍족하지 않았을 테니 엄청난 선물이었을 것이다.

칼 비테의 교육관을 살펴보면 아이가 부모의 사랑을 느끼며 즐겁게 할 수 있는 여러 방법을 고안해 냈다는 사실을 알 수 있다. 사랑과 격려가 바탕이 된 고전 교육을 실천한 것이다.

고전읽기 환경의 기본

성공적으로 고전읽기를 하려면 무엇보다 먼저 환경을 점검해야 한다. 기본적으로 갖추어야 할 환경에 관해 간추려 보았다.

읽고 싶어지는 책장 만들기

거실을 작은 도서관처럼 꾸미라는 말은 이미 많이 들어 보았을 것이다. 어떤 집은 아예 아이 방을 통째로 도서관처럼 꾸미거나 거실 책장에 아이 책을 빼곡하게 진열해 놓기도 한다. 그런데 어쩐 일인지 아이의 책 읽기는 기대와 어긋난다. 책장에 책이 많아야 할 필요는 없다. 또 시리즈별로, 순서별로 책이 가지런히 꽂혀 있을 필요도 없다. 책장을 자유롭게 활용하자.

특히 고전은 많이 읽게 하는 것이 목적이 아니므로 당장 읽을 한두 권만 있어도 충분하다. 단 아이가 오고가며 볼 수 있도록 아이 눈높이에 맞춰 책 표지가 잘 보이도록 진열해 놓자. 처음에는 무심코 지나칠지라도 시간이 지날수록 표지를 들여다보거나 책을 뒤적거리게 된다. 만약 도무지 관심을 보일 것 같지 않으면 책에 대한 설명을 미리 해주는 것도 좋은 방법이다. 일단 책에 관심이 생기고 나면 그다음부터는 시간을 정해 놓고 함께 읽는다. 온 가족이 고전을 읽을 준비가 되었다면 거실을 활용하면 좋겠지만 여건이 되지 않는다면 아이 방을 고전읽기 장소로 사용해도 좋다.

고전 읽는 시간을 구분하라

음악을 틀면 시간을 구분 짓기가 쉽다. 음악이 나오면 읽고 있는 책과 마음에 드는 구절을 필사할 공책과 연필을 준비해 정해진 장소에 모인다. 다 모이면 소리를 낮추고 고전을 읽기 시작한다. 이때 음악은 클래식처럼 가사 없이 차분한 것을 권한다.

날마다 고전을 읽는다면 더욱 좋겠지만 그러기란 만만치 않다. 처음에는 일주일에 두 번 정도가 알맞다. 되도록 심리적으로 여유로운 요일이나 시간대로 정한다. 만약 아침 일찍 일어나는 집이라면 오전 시간에 책을 읽는 것도 좋은 방법이다. 그리고 책이 꼭 한 권이어야 할 이유는 없다. 예를 들어 『안네의 일기』라면 여러 출판사에서 내놓은 책들이 시중에 나와 있다. 물론 서로 다른 출판사라도 상관없다. 부모와 아이가 같은 제목의 책을 읽는 것이 중요하다. 부모가 아이와 함께 같은 제목의 책을 읽으면서 자연스럽게 질문과 토론으로 이어 나갈 수 있다는 장점이 있기 때문이다.

누가 먼저, 얼마나 읽었느냐는
중요하지 않다

지금까지 다독상에 대해 여러 차례 언급하며 다독과 속독의 문제를 거론하였다. 누가 더 빨리, 더 많이 읽었느냐에 집착하고 경쟁하다 보면 책을 통해 무엇을 느끼고 어떤 감동을 받았는지는 뒷전으로 밀려나게 된다. 이러한 독서는 입력한 정보를 되새김하면서 새로운 출력을 할 수 없다는 뜻이며, 독서를 통한 변화를 기대하기 어렵다. 특히 읽는 과정을 통해 배우고 성장하는 고전의 경우 이러한 독서는 무의미하다.

조선 정조 때 홍길주라는 문장가가 있었다. 그의 집안은 관직이 화려했는데, 할아버지가 영의정, 아버지가 우부승지, 형이 좌의정, 동생은 정조 대왕의 사위였다. 그런데 홍길주는 진사 시험에 합격한 뒤에도 관직에 오르지 않고 오로지 글쓰기에 매진했다. 독서에 대한 그의 관점은 특별했는데 그가 쓴 『숙수념』에 아래와 같은 말이 나온다.

> 문장은 다만 독서에 있지 않고, 독서는 다만 책 속에 있지 않다. 산과
> 시내, 구름과 새나 짐승, 풀과 나무 등의 볼거리 및 일상의 자질구레한
> 일들 속에 독서가 있다.

그는 책뿐만 아니라 삼라만상에서 배움의 의미를 깨우쳤다. 그리고 한 번 책을 읽으면 책 속의 깊은 의미를 느끼고자 적게는 30~40번 되풀이해 읽곤 했다고 한다. 율곡 이이 역시 정독精讀을 강조했다. 그는 저서 『격몽요결』에 이렇게 적었다.

> 책을 읽을 때는 반드시 한 가지 책을 습득하여 그 뜻을 모두 알아서 완
> 전히 통달하고 의문이 없게 된 다음에야 다른 책을 읽을 것이요, 많은
> 책을 읽어서 많이 얻기를 탐내어 부산하게 이것저것 읽지 말아야 한다.

고전을 읽을 때는 책에 쓰여 있는 단어들을 사전적 의미로만 이해하기보다는 전체 맥락 속에서 이해해야 한다. 책 속에서 하나의 절대적인 객관성을 찾기보다는 자신의 경험과 지적 배경 프리즘을 통해 풍부한 다의성多義性을 발견하도록 노력해야 한다. 즉 저자가 건네는 말을 그대로 이해하는 것보다 중요한 것은 책 속에서 스스로 깨닫는 과정이다. 깨달음은 아이마다 다르고, 그 깨달음을 자신의 삶에 어떻게 적용시킬지도 아이마다 다르다. 따라서 빨리 읽느냐 많이 읽느냐는 고전읽기에서 아무런 의미가 없다.

책은 달을 가리키는 손가락이다. 우리가 보아야 할 것은 손가락이 아니라 손가락이 가리키는 달이다. 즉 책을 매개로 달을 보는 독서를 해야 한다. 글 속에 있는 저자의 생각을 맹목적으로 받아들이는 것이 아니라 이를 바탕으로 자신의 생각을 발견하는 창의적인 독서를 해야 한다. 같은 책을 읽더라도 독자에 따라 다양한 해석 스펙트럼을 가질 수밖에 없다. 뒤에서 다루겠지만 고전읽기를 한 다음 토론을 해보면 아이에 따라 받은 감동이 다르고 깨달음이 다름을 알 수 있다. 이런 경험을 하려면 정독을 해야 한다. 몇 번이고 반복해 읽어도 읽을 때마다 깨달음이 다른 것이 바로 고전이다.

> 숲 속에 사는 동물들이 모여 어느 동물이 가장 식구가 많은지 논쟁을
> 하고 있었다. 새끼를 많이 낳는 동물들이 사자에게 물었다.
> "당신은 한 번에 몇 마리의 새끼를 낳습니까?"
> "한 마리 낳습니다."라고 암사자가 대답했다.
> "우리들 중에는 한 번에 열 마리를 낳는 동물이 있으니 당신은 비교가
> 안 되겠네요."
> 다른 동물들이 시큰둥하며 자기들끼리 이야기를 계속하려고 하자 암
> 사자가 근엄한 목소리로 한마디 했다.
> "그런데 그 한 마리가 바로 사자랍니다."

이 우화는 숫자가 중요한 게 아니라는 사실을 일깨워 준다. 힘없는 열 마리 동물보다 한 마리의 사자가 더 강하다는 의미다. 고전읽기도 마찬가

지다. 정말 중요한 것은 책을 얼마나 많이 읽었느냐가 아니라 단 한 권의 책을 읽더라도 얼마나 많이 깨닫고 지혜를 얻었느냐다. 책 자체가 아닌, 책을 읽고 얻은 깨달음과 지혜가 그 사람을 변화시키는 것이기 때문이다. 『명심보감』에 이런 문장이 있다.

> 자신을 낮출 줄 아는 사람이 되라.
> 자신을 낮출 줄 아는 사람은 중요한 자리에 오를 수 있고,
> 남 이기기를 좋아하는 사람은 반드시 적을 만나게 된다. ―「경행록」

만약 이런 문장을 깊이 생각하지 않고 읽는다면 '겸손해지라는 의미 아니야.' 하며 빤하다거나 이미 알고 있는 내용이라고 여기고 넘어가기 쉽다. 내용 요약, 주제 파악이 고전읽기의 목적이 되어 버리는 것이다. 이는 굳이 고전이 아니어도 충분히 가능하다. 천천히 간다는 생각으로 느릿하게 해야 하는 것이 고전읽기다.

'술술' 읽으면
성장하지 못한다

책 읽는 모습만 봐도 아이들이 얼마나 집중하고 있는지 알 수 있다. 손으로 턱을 괴고 비스듬히 앉아 읽는 아이, 반쯤 엎드려 읽는 아이, 내내 연필을 빙빙 돌리며 읽는 아이, 작은 소리에도 여기저기 기웃거리는 아이 등등, 머릿속으로는 다른 생각을 하면서 글자만 보는 것이 아닌지 의심스러울 때가 많다.

올바른 독서 습관은 대단히 중요하고, 고전은 '잘' 읽는 것이 중요하다고 반복적으로 이야기해 왔다. 그렇다면 어떻게 이를 도와줄 수 있을까? 아이들이 고전을 잘 읽을 수 있도록 도움을 주는 방법에는 여러 가지가 있는데, 그중에서도 가장 권하고 싶은 방법들을 몇 가지 소개하겠다.

연필 한 자루 독서법

책을 읽다 보면 떠오르는 느낌과 생각, 그리고 가슴을 울리는 문구가 있다. 이를 그냥 흘려보내는 독서는 구멍이 나 줄줄 새는 바가지로 물을 긷는 것과 같다. 물을 아무리 많이 퍼내도 줄줄 샌다면 물 긷는 수고로움의 의미가 없지 않을까? 책을 술술 읽어 나가는 사이 고전읽기의 본질도 놓치고 만다는 뜻이다.

그러니 책을 읽을 때에는 반드시 연필과 공책을 준비하도록 하자. 마음에 드는 구절에 밑줄을 치기도 하고, 떠오르는 느낌이나 생각을 적기도 하고, 나중에 다시 읽고 싶은 문장이 있는 부분은 살짝 접어 표시해 놓기도 하는 것이다.

간단한 방법이지만 그 효과는 확실하다. 연필 한 자루 독서법을 사용하기 전까지만 해도 20분 남짓한 독서 시간을 참지 못해 자리에서 일어났다 앉았다 하는 아이가 많았다. 뒤를 돌아다보며 장난을 치는 아이도 종종 있었다. 하지만 이렇게 밑줄을 긋고 메모를 하게 하면서부터는 산만한 모습이 많이 줄어들었다.

손을 활용하다 보면 전두엽이 깨어난다. 인간의 뇌는 무엇인가 읽고 쓰고 암송할 때 가장 활발하게 움직인다. 그 결과 눈으로만 읽을 때보다 훨씬 깊이 있게 사고하게 된다. 그뿐만 아니라 언제든지 쓸 수 있도록 손에 연필을 쥐고 있는 상태이기 때문에 집중력이 향상된다. 근대 자유주의의 선구자 데시데리위스 에라스뮈스는 책을 더럽히며 읽는 사람이 책을 제대로 읽은 사람이라고 말하기도 했다.

"책을 손도 대지 않은 채 책장에 올려 두는 사람은 책을 제대로 사랑하는 사람이 아니다. 밤낮으로 손에 들고 그래서 때가 끼고 책장의 귀들이 접혀지고 손상되며 빽빽하게 주석을 달아 놓은 자만이 책을 제대로 사랑하는 사람이다."

마음에 와 닿는 부분에는 밑줄을 긋고 중요하다고 생각되는 부분에는 동그라미를 그려 넣게 하자. 정말 좋은 문장이나 단어에는 별표를 해도 된다. 자기만의 방식으로 자유롭게 표시해 가며 읽는 사이, 나름의 규칙이 생긴다.

만약 아이가 어떻게 해야 할지 막막해한다면 활용할 수 있는 부호를 정해 주는 것도 한 방법이다. 이를테면 마음에 와 닿는 부분은 밑줄(_), 재미있거나 관심이 가는 부분은 느낌표(!), 궁금하거나 더 알고 싶은 내용은 물음표(?), 이해가 안 되는 부분은 가위표(x), 이런 식으로 말이다. 물론 꼭 이렇게 해야 하는 것은 아니다. 단지 기준을 정해 주면 시작할 때 도움이 된다.

이런 표시에 익숙해졌을 때 메모하며 읽기를 권한다. 줄과 줄 사이 또는 여백에 책을 읽으면서 떠오른 생각이나 다시 알아보고 싶은 내용 등을 적게 하는 것이다.

아이들에게 책에 밑줄을 긋거나 표시를 하며 보라고 하면 처음에는 다들 어색해하지만, 익숙해진 뒤에는 연필 없이 읽으면 허전하다는 말을 할 정도로 편안해한다. 잘못된 독서 습관들이 고쳐지는 것은 덤이다.

고전 공책 독서법

연필 한 자루 독서법과 함께 권하고 싶은 방법은 공책을 활용하는 것이다. 책에 밑줄을 긋거나 메모를 하거나 책장을 접어 둔 구절을 중심으로 공책에 옮겨 적고 느낀 점을 간단히 적는 것이다. 이런 고전 공책 독서법을 활용하면 눈과 머리와 손이 동시에 좀 더 바빠진다. 그만큼 전두엽이 활성화하며, 눈으로 책을 읽을 때보다 머릿속에 남는 것이 두세 배 많아진다.

또한 나중에 공책을 펼쳐 보면서 '내가 이런 생각을 했었구나.' 하는 마음에 뭉클해지기도 하며, 당시 느꼈던 감동을 다시금 느끼기도 한다. 이런 감동이 되풀이되면서 아이는 책을 손에서 놓지 않는 사람이 되어 간다.

아래의 글은 아이들이 직접 실천한 사례들이다.

내가 일기를 쓰기 시작한 이유는 내게는 진정한 친구가 없기 때문이란다. 이 세상 사람들은 아무도 열세 살짜리 여자애가 스스로 외톨이라고 느낀다는 걸 모를 거야. 아니, 실제로 외톨이라고 해도 믿지 않을 거야.
- 『안네의 일기』 중에서

▶▶ 나도 따돌림을 당한 적이 있었는데 안네도 외톨이라고 느꼈다고 하니 얼마나 힘들었을까?

농장의 초여름은 일 년 중 가장 행복하고 가장 아름다운 때이다. 라일락꽃은 활짝 피어서 사방에 가득 향기를 퍼뜨리고 나서 시든다. 사과꽃이 라일락꽃과 함께 피어나고, 벌들은 사과나무 사이를 옮겨 다닌다.

─ 『샬롯의 거미줄』 중에서

▶▶ 문장이 너무 아름답다. 나도 나중에 이런 곳에서 살고 싶다.

노랑 애벌레는 숨을 헐떡이며 말했습니다.

"그럴 리가 없어요! 제 눈에 보이는 것은 당신도 나도 솜털투성이 벌레일 뿐인데, 그 속에 나비가 들어 있다는 걸 어떻게 믿을 수 있겠어요?" ─ 『꽃들에게 희망을』 중에서

▶▶ 나도 어쩌면 나비처럼 훨훨 날아올라 내 꿈을 이룰 때가 있을까?

폐족 중에 뛰어난 선비가 나오는 것은 하늘이 재주 있는 사람을 폐족으로 태어나게 해서 그 집안에 보탬이 되게 하려는 것이 아니다. 폐족은 부귀영화를 얻으려는 욕심이 없어 깨끗한 마음으로 독서를 하고 이치를 연구해서 참다운 진리와 원리를 얻을 수 있기 때문이다. ─ 『유배지에서 보낸 정약용의 편지』 중에서

▶▶ 정약용은 자신의 집안이 폐족임에도 불구하고, '과골삼천踝骨三穿, 복사뼈에 구멍이 세 번 났다.' 고 할 정도로 학문에 몰두했다고 하니 정말 대단하다. 18년 동안 500여 권의 책을 편찬한 정약용처럼 나도 어려운 상황이 오더라도 독서와 공부를 게을리하지 않아야겠다.

느낌을 반드시 적어야 하는 건 아니다. 시간이 있을 때는 적고 그렇지 않을 때는 생략해도 된다. 이렇게 인상 깊었던 구절들을 모아 놓은 공책은 나중에 아이의 독서 이력이 되기도 하고, 당시의 깨달음을 되새기게 해주는 좋은 자료가 된다. 고전읽기를 할 때는 이 과정이 꼭 필요하다는 사실을 기억하기 바란다.

고전 일기를
쓰게 하라

고전을 읽은 뒤에는 고전 일기를 쓰는 것이 좋다. 아이들과 고전읽기를 했을 때 나는 일주일에 이틀은 꼭 고전 일기를 쓰도록 권장했다. 나머지 날들은 자유로운 주제로 일기를 쓰되, 반드시 이틀은 필사를 하든지 어떤 방식으로든지 고전 일기를 쓰도록 한 것이다. 분량도, 형식도 자유였다.

고전 일기를 쓰게 한 이유는 아이들이 독서 감상문보다 상대적으로 부담을 덜 느끼는데다가 고전읽기의 흥미를 유지시킬 수 있기 때문이기도 하지만, 주된 이유는 아래와 같은 효과 때문이다.

자연스럽게 자신의 삶에 적용시켜 보게 한다

고전읽기의 궁극적 목표가 변화와 실천이라는 점을 미루어 볼 때 고전 일기 쓰기의 의미는 매우 크다. 고전 속 인물이나 지식(지혜)을 자신의 삶과 견주어 보며 반성도 하고 새로운 결심도 하게 된다. 자연스럽게 자신의 삶에 적용시켜 볼 수 있다는 장점이 있다.

사고를 연습하는 훈련이 된다

고전 일기를 씀으로써 두뇌 발달을 촉진시킬 수 있다. 무엇보다 글을 쓰려면 생각을 해야 한다. 글쓰기는 사고의 기회가 된다. 고전 일기를 씀으로써 아이는 사고를 연습할 수 있는 것이다. 세계적인 극작가 조지 버나드 쇼는 이렇게 말했다.

"대부분의 사람들은 1년에 한두 번 정도 생각한다. 내가 세계적으로 유명한 사람이 될 수 있었던 것은 일주일에 한두 번 생각했기 때문이다."

책을 읽는 것만으로도 사고력을 키울 수 있지 않느냐고 반문하는 이들도 많을 것이다. 틀린 말은 아니다. 하지만 글쓰기는 대표적인 표현 수단이다. 상대를 고려해 자신의 생각을 간추려서 표현할 수 있어야 한다. 훨씬 더 복잡하고 고차원적인 사고 과정이라고 할 수 있다.

즉 고전 일기는 아이들에게 익숙한 일기라는 형식을 빌려 부담은 줄이면서도 고전을 읽고 생각하는 훈련을 의무적으로 시키는 수단이 된다. 자신의 생각과 느낌을 일기로 적으면서 머릿속에서 책 속 내용과 깨달음을 되새김할 수도 있다.

어휘력, 즉 언어 능력이 향상된다

"아동기는 생애 중에서 어휘 습득이 가장 왕성한 시기다. 이때 습득된 어휘는 성인이 되어서 원활한 독서와 청취는 물론이고, 생각과 의사를 글로 쓰고 말로 표현하는 데 사용된다. 언어 습득은 아동기 이후에는 생물학적 제약을 받아 둔화된다. 따라서 풍부하고 좋은 어휘를 사용하는 어린이로 자라기 위해서는 아동기 독서가 결정적 역할을 한다."

이는 캐나다의 신경생리학자이자 언어학자인 와일더 펜필드의 '결정적 시기 가설critical period hypothesis'이다. 사람이 습득하는 어휘량과 어휘 수준은 75퍼센트 이상이 독서량으로 결정되고 80퍼센트가 아동기에 입력된다고 한다. 고전 도서에서 접한 다양한 어휘들을 고전 일기를 통해 자신의 언어로 사용함으로써 온전히 자신의 것으로 만들 수 있다.

아이의 소중한 자산이 된다

고전 공책과 마찬가지로 고전을 읽고 쓴 고전 일기 역시 아이에게 귀중한 자산이 된다. 내가 어떤 책을 읽었는지, 어떤 깨달음이 있었는지 그 기록들을 모아 놓는다면 그보다 더 좋은 가보가 없을 것이다. 그래서 나는 아이들에게 고전 일기를 쓸 때는 일반 공책보다 좋은 것을 사용하도록 권한다. 고전 공책도 마찬가지다. 한번 쓰고 버릴 것이 아니라 평생 자산으로 간직하려면 공책의 질이 좋아야 한다. 물론 일반 재질의 공책이라도 소중하게 여긴다면 상관이 없겠지만 일단 보기 좋은 떡이 먹기도 좋다. 디자인이 예쁘고 재질이 좋은 일기 공책은 아이의 마음 자세를 다르게 한다.

고전읽기에서 공책 고르기도 중요한 준비 단계인 셈이다. 아이가 고전을 읽고 고전 일기를 쓰는 것을 굉장한 자부심으로 느낄 수 있도록 부모는 도와줘야 한다.

마지막으로 마오쩌둥의 말을 마음에 새겨 보자. "붓을 들지 않는 독서는 독서가 아니다."

독후 토론은
고전읽기의 꽃이다

　독후 활동은 책을 읽고 나서 책의 내용과 관련해 여러모로 생각해 보고 다양하게 표현해 보는 활동이다. 예전에는 독후 활동이라고 하면 줄거리와 감상을 쓰는 독서 감상문이 일반적이었다. 사실 아이들이 책 읽기보다 싫어하는 것이 독서 감상문이다. 독서 감상문이 쓰기 싫어서 책을 읽기 싫다는 아이들이 있을 정도다. 오히려 역효과를 내는 것이다.

　하지만 효과적으로 독서를 하기 위해서는 독후 활동이 꼭 필요하다는 의견이다. 독후 활동이 수반되지 않고 오직 읽기만 하는 것에 만족한다면 독서가 피상적으로 흐를 가능성이 있다. 그래서 독서 감상문처럼 천편일률적인 독후 활동보다 아이들이 재미있게 참여할 수 있는 방법을 고민해야 한다. 이러한 노력의 결과 최근에는 독후 활동이 다양해지고 있다.

그중에서도 토론은 독후 활동의 꽃이라고 할 수 있다. 물론 학년에 따라 발달상 토론의 깊이와 접근이 달라질 수밖에 없지만, 토론은 거창한 것이라는 생각부터 버려야 한다. 기본적으로 자신이 읽은 고전에서 인상 깊었던 내용을 다른 사람에게 들려주고, 그 글에 대한 자신의 생각이나 깨달음을 발표하는 것만으로 충분하다. 이미 고전을 읽으면서 고전 공책에 좋은 구절을 적어 놓았기 때문에 어렵지 않게 해낼 수 있다.

미국 역사상 가장 위대한 가문으로 손꼽히며 많은 정치인을 배출한 케네디가의 자녀 교육은 이미 많은 부모들의 귀감이 되고 있다. 존 F. 케네디 대통령은 "대통령이 되기 위한 준비 방법이란 없다. 다만 내가 배운 것 중에서 도움이 될 만한 것이 있다면, 그것은 모두 어린 시절 어머니께서 가르쳐 주신 것이다."라고 말하며, 어머니인 로즈 여사를 칭송하기도 했다. 로즈 여사의 교육법 중 하나를 꼽자면 식사 시간도 토론의 장으로 만든 것을 들 수 있다. 먼저 아이들 눈에 잘 띄는 곳에 게시판을 만들어 두고 신문, 잡지에 실린 중요한 기사들을 매번 붙여 놓았다. 그리고 식사 때마다 기사 내용을 화제에 올려 그에 대해 아이들이 자유롭게 자신의 생각을 이야기하도록 했다. 모두 9남매다 보니 가끔 화제에서 벗어나 다른 잡담을 하기도 했는데 이럴 때면 질문을 통해 다시금 토론 분위기를 조성하였다.

아이들은 《뉴욕타임스》를 읽지 않고는 식탁 앞에 앉지 못했다. 심지어 식사 자리도 토론을 잘하는 아이와 토론을 못하는 아이로 나누어 앉혔다. 서로 경쟁심을 갖도록 하기 위해서였다. 로즈 여사는 적어도 네다섯 살 때부터 책 읽기와 토론 훈련을 시켜야 한다고 주장한다. 그녀의 이야기에 귀

기울여 보자.

"세계의 운명은 좋든 싫든 간에 자기의 생각을 남에게 전할 수 있는 사람들에 의해 결정된다."

사실 하루아침에 토론 능력을 길러 줄 수는 없다. 어릴 때부터 토론하는 습관을 길러 주어야 한다. 반대로 어릴 때 토론하는 습관을 기르지 못하면 토론 능력이 뒤처질 수밖에 없다.

실제로 우리나라 초등학생들이 잘 못하는 것 중 하나가 토론이다. 저희끼리 싸우거나 이야기를 할 때는 냅다 목청을 높이면서 정작 자신의 생각을 말해 보라고 하면 금세 소리가 작아지거나 묵묵부답인 경우가 많다. 그 이유는 무엇일까? 아마 어릴 때부터 "이거 해라!" "저거 해라!" 하는 명령에만 익숙해서가 아닐까?

또 다른 이유는 한 교실에 많은 학생들이 모여서 공부하다 보니 개인의 의견이나 생각을 표현할 기회가 많지 않고 교사 또한 아이 개개인의 목소리를 들을 여유가 없기 때문이기도 하다. 따라서 고전을 읽은 뒤에는 자신의 생각이나 깨달음을 서로 이야기하고 토론하는 시간을 갖도록 하자. 『세계 명문가의 독서 교육』을 쓴 최효찬은 윈스턴 처칠, 케네디, 헤르만 헤세, 박지원, 이이와 같은 국내뿐 아니라 세계적인 명문가들의 독서 교육법을 연구했는데, 그들의 공통된 독서 교육법 중 하나가 바로 '독서를 한 뒤에는 꼭 토론을 시키는 것'이었다고 밝혔다.

가정에서 고전 독서 토론을 진행하는 방법

아는 만큼 할 이야기도 많아진다. 독서 토론이 좋은 이유다. 하고 싶은 이야기가 많기 때문에 자신감도 향상된다. 시간과 공간을 초월해 많은 사람에게 교훈과 감동을 주는 고전은 토론하기에 안성맞춤이다. 고전 독서 토론은 다른 독서 토론과 흡사하지만 고전이 주는 사고력과 창의력의 깊이만큼 아이들에게 유익한 영향을 준다.

고전 독서 토론을 할 때 부모의 역할이 매우 중요한데, 단지 '예'나 '아니요'로 대답할 수 있는 질문은 피해야 한다. 토론이란 '어떤 문제에 대해 여러 사람이 각자의 의견을 내세워 그것의 정당함을 논하는 것'이다. 즉 자신의 생각을 주장함과 동시에 다른 사람들의 의견을 들어 봄으로써 좀 더 객관적으로 자신의 생각을 돌아볼 수 있다. 자연스럽게 어휘력뿐 아니라 합리적 사고 능력을 갈고 닦을 수 있다.

토론을 할 때 중요한 것은 엄청난 언변이 아니라 자신의 생각을 자유롭게 표현할 수 있는 분위기다. 그러려면 부모가 아이의 생각을 평가해서도, 말을 못한다고 야단쳐서도 안 된다. 사실 초등학생 아이가 자신의 생각을 논리적으로 간추려 표현하기란 어렵다. 초등 고학년은 되어야 가능한 이야기며, 이 역시 연습이 필요하다. 그러니 부모는 어떤 생각이든 마음껏 이야기할 수 있도록, 그 생각이 옳다거나 틀리다고 비판하는 것이 아니라 다양한 어휘를 활용해 표현해 볼 수 있도록 물꼬를 트는 역할을 해주어야 한다.

아이가 자신의 생각에 대해 스스로 돌아보고 표현할 수 있도록 아래와 같은 질문을 던져 주자. 지식이 아니라 생각을 물어보는 것이다.

- "그 책을 읽으면서 어떤 생각이 들었니?"
- "그 책의 주인공이 너라면 어떻게 했을 것 같아?"
- "네가 생각하는 ○○은 어떤 것이니?"

굳이 토론 장소나 시간을 국한하지 않아도 좋다. 아이와 산책이나 운동을 하면서도 토론을 할 수 있다. 여러 차례 소개한 바 있는 존 스튜어트 밀은 날마다 아버지와 산책을 했는데, 그때마다 자신이 읽었던 책에 대해 이야기를 나누었다고 한다. 밀은 열 살도 채 되기 전에 상상할 수 없을 만큼 많은 고전을 읽고 아버지와 토론을 했다. 그때마다 그날 무엇을 읽었는지, 또 어느 정도나 이해하고 있는지를 설명했다고 한다.

이처럼 각 가정에서도 아이와 산책을 하면서 책에 대해 이야기를 나눌 수 있다면 아이 역시 자신의 생각을 부담 없이 이야기할 수 있을 것이다. 물론 처음에는 어색하겠지만 차츰 적응해 가며 그 시간을 즐기게 될 것이다.

가정에서 고전 독서 토론을 진행할 때 도움이 되는 몇 가지 유의 사항을 정리하면 아래와 같다.

토론 시간을 충분히 확보한다

독서 토론을 하려면 읽은 책의 내용을 이해하고 사고하는 시간이 필요하다. 이를 위해서는 시간이 충분해야 한다. 더욱이 서로 의견을 나누는 시간이기에 상대편 의견에 대해서도 충분히 생각해 보고 고민해 볼 수 있는 시간이 필요하다. 시간에 쫓겨 피상적으로 이야기를 주고받다가 끝내지 않도록 유의하자.

끝까지 다 읽지 않아도 토론할 수 있다

꼭 책을 다 읽은 뒤에만 토론이 가능한 것이 아니다. 오늘 읽은 내용만으로도 충분히 토론할 수 있다. 이 경우 하나의 이야기가 긴 장편 문학보다는 『논어』, 『명심보감』처럼 호흡이 짧은 고전이나 단편 문학이 좀 더 쉽다.

토론 규칙을 정한다

토론을 원활하게 진행하기 위한 우리 집만의 규칙을 만든다. 이를테면 '상대편과 똑같은 의견을 말하지 않는다.' '자신의 의견과 다르다고 해서 비방하거나 화를 내지 않는다.' '상대편 의견을 무조건 존중한다.' 등과 같이 정할 수 있다.

아이에게 의견을 말하는 시간을 많이 준다

아이는 아직 사고 능력과 말하기 능력이 충분히 발달하지 않은 상태다. 그러다 보니 자신도 모르게 부모가 말을 많이 하게 되는데, 독서 토론의 주체는 아이라는 점을 꼭 명심해야 한다. 아이가 의견을 말하기 힘들어한다면 '그날 읽은 책 내용을 들려 달라'라는 식으로 유도해 책 내용을 설명하는 것부터 시작하자.

초등학생에게 권하는
고전 도서 리스트

| 선정 기준 |

분야의 다양성

초등학생이 읽을 수 있는 고전을 선정하되 한 분야에 편중되지 않고 골고루 접할 수 있도록 시, 자서전을 비롯하여 역사, 문학, 철학 등 다양한 분야에서 선정하였다. 아이들은 자신이 좋아하는 분야만 읽는 경향이 있기 때문에 어려서부터 폭넓은 독서의 맛을 보고 올바른 독서 습관을 가져야 한다.

아이의 연령별 발달 단계

초등 저학년 아이들은 이야기를 즐기고 선악이 분명한 책을 좋아한다. 중학년이 되면 책에 대한 관심과 수준에 따라 점차 개인차가 나타나므로 다양한 읽을거리를 제공해야 한다. 고학년 시기는 비판 의식이 높아지므로 논리적 사고력을 향상시킬 수 있는 책을 읽도록 해야 한다. 이와 같이 아이의 연령별 발달 단계에 따라 선정하려고 노력했다.

교과서와의 연계성

가능한 교과서와 연계하여 학년 수준에 맞는 책을 선정했다. 예를 들면 초등 5학년은 한국사를 볼 수 있도록 배치하여 흥미와 관심을 가지고 읽을 수 있도록 하였다. 국어뿐 아니라 도덕이나 사회, 과학 책에도 고전이 인용되는 경우가 있으므로 교육 과정을 참고하여 고전 도서를 선정하였다.

올바른 가치관과 사고력을 키워 주는 도서

아이가 읽는 책은 성장하는 아이의 가치관에 커다란 영향을 끼친다. 건전하고 올바른 가치관을 심어 주고 사고력 향상에 도움이 되는 도서를 선정하였다. 또한 미래의 꿈과 생각을 넓혀 주고 인성 발달에 영향을 끼치는 작품을 종합하여 선택했다.

대학이나 고전 독서 전문가의 추천 도서

고전 도서의 객관성과 공정성을 확보하기 위해 대학이나 도서관 그리고 고전 독서 전문가가 추천한 책을 참고하였다. 그중에서도 선호도가 높고 잘 알려진 도서를 선정하여 친숙함과 만족감을 높이고자 하였다.

『아낌없이 주는 나무』_ 셸 실버스타인 저, 시공주니어

『꽃들에게 희망을』_ 트리나 폴러스 저, 시공주니어

『안데르센 동화』_ 안데르센 원저, 그린북

『이솝 이야기』_ 이솝 저, 어린이작가정신

『이상한 나라의 앨리스』_ 루이스 캐럴 저, 인디고

『슈바이처』_ 정지아 저, 주니어RHK

『우리 마음의 동시』_ 김승규 엮음, 아테나

『파브르 식물이야기 1』_ 장 앙리 파브르 저, 사계절

『15소년 표류기』_ 쥘 베른 원저, 삼성출판사

『어린이 사자소학』_ 엄기원 엮음, 한국독서지도회

『샬롯의 거미줄』_ 엘윈 브룩스 화이트 저, 시공주니어

『키다리 아저씨』_ 진 웹스터 저, 인디고

『어린 왕자』_ 생텍쥐페리 저, 인디고

『홍당무』_ 쥘 르나르 저, 삼성출판사

『임진록』_ 김종광 엮음, 창비

『안네의 일기』_ 안네 프랑크 원저, 지경사

『파브르 곤충기 1』_ 장 앙리 파브르 지음, 현암사

『장 발장』_ 빅토르 위고 원저, 삼성출판사

『탈무드』_ 이동민 엮음, 인디북

『열하일기』_ 박지원 원저, 파란자전거

『별』_ 알퐁스 도데 저, 인디북

『허클베리 핀의 모험』_ 마크 트웨인 저, 시공주니어

『작은 아씨들』_ 루이자 메이 올컷 원저, 예림당

| 초등학교 5학년 |

『소나기』_ 황순원 저, 맑은 소리

『삼국사기』_ 김부식 원저, 타임기획

『삼국유사』_ 일연 원저, 알라딘북스

『지킬 박사와 하이드』_ 로버트 루이슨 스티븐슨 저, 푸른숲주니어

『새벽에 홀로 깨어』_ 최치원 원저, 돌베개

『비밀의 화원』_ 프랜시스 호즈슨 버넷 저, 시공주니어

『난중일기』_ 이순신 원저, 파란자전거

『80일간의 세계 일주』_ 쥘 베른 저, 시공주니어

『톰 소여의 모험』_ 마크 트웨인 저, 시공주니어

『명심보감』_ 추적 저, 홍익출판사

| 초등학교 6학년 |

『유배지에서 보낸 정약용의 편지』_정약용 저, 보물창고

『채근담』_ 홍자성 저, 홍익출판사

『톨스토이 단편선』_톨스토이 저, 인디북

『제인 에어』_ 샬롯 브론테 저, 시공주니어

『동물 농장』_ 조지 오웰 저, 열린책들

『대지』_ 펄 벅 저, 문예출판사

『무지개』_ 윌리엄 워즈워스 저, 민음사

『쉽게 읽는 백범일지』_ 김구 원저, 돌베개

『헬렌 켈러 자서전』_ 헬렌 켈러 저, 꿈과희망

『논어』_ 공자 저, 홍익출판사

초등인성 고전읽기의 힘

초판 1쇄 인쇄 2016년 3월 25일
초판 1쇄 발행 2016년 4월 10일

지은이 이화자   **펴낸 곳** 글담출판사   **펴낸이** 김종길

책임편집 이경숙
편집 임현주, 이경숙, 이은지, 박정란, 안아람   **디자인** 정현주, 박경은, 안수진
마케팅 박용철, 임형준   **홍보** 윤수연   **관리** 김유리

출판등록 1998년 12월 30일 제2013-000314호
주소 (121-840) 서울시 마포구 양화로 12길 8-6(서교동) 대륭빌딩 4층
전화 (02)998-7030   **팩스** (02)998-7924
이메일 geuldam4u@naver.com   **페이스북** www.facebook.com/geuldam4u
블로그 http://blog.naver.com/geuldam4u

ISBN 979-11-86650-13-4 13370
책값은 뒤표지에 있습니다.
잘못된 책은 바꾸어 드립니다.

글담출판에서는 참신한 발상, 따뜻한 시선을 가진 원고를 기다리고 있습니다. 원고는 글담출판 블로그와 이메일을 이용해 보내주세요. 여러분의 소중한 경험과 지식을 나누세요.
블로그 http://blog.naver.com/geuldam4u   **이메일** geuldam4u@naver.com